論語不一樣

需要正能量的時代，正好讀孔子

仁

王溢嘉

自序——打開新視窗，看見不一樣的孔子和《論語》

《論語》是我對傳統經典解讀系列中的最後一本，最後出現並非認為它最重要或最不重要，而是我以前和內人嚴曼麗合寫過《論語雙拼：一個家庭主婦的異類閱讀&一個知識遊民的正向觀照》，現在為了想讓我的傳統經典解讀修得圓滿正果，所以又單獨寫了一本。除了原有內容外，又增加很多新的篇章，特別是我對兩漢迄今孔子（儒家）思想流變的看法，還有它所涉及的一些文化與思維問題。

我個人對《論語》和孔子的看法其實幾經更迭。高中時代讀的是被列為中國文化基本教材的精選版《論語》，也許是必讀、必考的教科書，所以反而沒有太多自發性的、想進一步去理解的興趣。大學時代曾主動而認真地讀了《莊子》、《老子》、《六祖壇經》等，但卻沒有好好再讀過《論語》。後來有很長一段時間甚至對《論語》和孔子浮生反感，因為我所學的醫學，還有當時迷戀的精神分析，都聚焦於身體的異常面和精神的黑暗面，它們讓我相信從異常與黑暗的周邊角度切入，是理解問題、求得真知的有效途徑。但孔子卻「不語怪力亂神」，對異常與黑暗的東西毫無興趣，只在意如何「成聖成仁」與當「君子」；兼因目睹社會上有太多「滿口仁義道德，卻一肚子男盜女娼」的假道學、偽君子，所以很自然地認為《論語》和孔子的那些觀點是過時、天真、不切實際、浮誇的，甚至是迂腐、有害的。

但隨著人生的起伏轉折，我對《論語》和孔子的看法也慢慢發生了轉變。除了生活閱歷讓我多長了些智慧外，更重要的是來自下面經驗：當我想對自己的子女和青年學子談論什麼是「自我追尋」和「生命意義」時，我所舉的竟都是正面的、光明的、可以激勵他們、讓他們效法的人與事，這不正是孔子最得意的學生顏回所說的「舜何人也？予何人也？有為者亦若是」嗎？當然我也會觸及人生的黑暗面、殘酷的現實、人性的狡詐等等，但談得不多，因為總覺得對它們有基本的認識即可，又不是想當「壞人」或「病人」，談那麼多做什麼？就在這個過程中，我慢慢了解到孔子說的「不語怪力亂神」、「見不善如探湯」、「就有道而正焉」、「里仁為美」等等，並非膚淺、鴕鳥心態、迂闊，而是來自一種嚴肅的選擇：在光明／黑暗、樂觀／悲觀、善良／邪惡、愛／恨、快樂／痛苦等等的二元對比中，他選擇了光明、樂觀、善良、愛、快樂，也就是下決心用正向的心態來看待自己、他人、人生與社會。

這其實也是當今成為主流的「正向心理學」（positive psychology）的基調。正向心理學所關注與強調的六種美德（智慧與知識、勇氣、人道與愛、正義、修養、心靈的超越）、二十四種特質（好奇心、樂於學習、判斷力、原創力、社會智慧、高瞻遠矚、勇氣、毅力、真誠、仁慈、愛、責任、公正、領導能力、自制、謹慎、謙虛、對美的欣賞、感恩、樂觀、信仰、寬恕、幽默、熱情），也都是孔子所關注和強調的，而在《論語》裡也都做了很多相關的探討。我以為在中國過去的諸子百家中，沒有一個人、一本書能比孔子和《論語》對此有更大的涵蓋面，孔子可以說是中國第一個正向心理學家、教育家、哲學家。

這也是我今天重讀《論語》，並發而為文的出發點與著眼點，我想從正向心理學的角度去閱讀、理解與闡述《論語》和孔子，並賦予他們新的生命與意義。既然是「正向」，那我談的當然就是正面的啟發。每個人都受限於他的時代，孔子既然是人就無法例外，他的某些觀點從今天的角度來看是不合時宜的，甚至是不當、不對的，但我對此不想多談，這不是什麼「為賢者諱」，而是我的一種「正向選擇」，因為覺得多談無益，更不想像某些人自己提不出什麼好觀點，卻專以奚落、指摘死去的祖宗為樂、為榮、為業。

但在從正向心理學的角度「美言」孔子的正能量後，我們還是要以務實的態度來正視一些歷史和文化的問題。我們必須承認，不少人（包括以前的我）對孔子和《論語》是有一些惡感的，我覺得這種惡感主要來自兩漢到宋明之間將孔子神聖化、《論語》教條化所產生的流弊。很多人只記得五四運動時「打倒孔家店」那句口號，但卻忽略了它的下一句「救出孔夫子」，我們只有掃除附加在孔子和《論語》上頭的歷史迷障，恢復本來的面貌，才能挽救孔子和《論語》所代表的傳統文化。

最後，不管是孔子或《論語》，後來的程朱理學、陸王心學，或是現代的正向心理學，它們都具有濃厚的唯心主義色彩。唯心主義並沒有什麼不對，但如果想全靠這樣的觀點和方法來理解人類與個人心靈、自我追尋、安身立命之道與建立安和樂利的社會，顯然會有嚴重的不足；當然，這不是孔子的問題，但卻是我們必須隨時放在心上的。

王溢嘉

二〇一八年五月

目錄

自序　打開新視窗，看見不一樣的孔子和《論語》 2

壹　在陽光中，追尋人生的夢想

真善美：給生命一個豐華的意義 10
逝者如斯：選擇從正向觀照人生 15
盍各言爾志：要把雞蛋放在什麼籃子裡？ 20
有為者亦若是：典範的召喚與啟迪 25
學而時習之：更好的你來自更多的學習 30
君子不器：你最需要學習的是什麼？ 36
認真思考：叩其兩端，求異又求同 41
堅定信念：將天堂帶給你的靈魂 46
執事敬：從尊重工作到樂在工作 51
自強不息：健康是最大的資產與能源 56

貳　在浮世裡，形塑高雅的人格

仁者愛人：發揮本性，擁有理想的自我 64
齊之以禮：讓情緒與行為顯得優雅合宜 70
義之以比：讓你俯仰無愧的價值判斷 76
誠信為上：忠於別人，也忠於自己 81
勇者不懼：人生不再是空談與泡影 86
道德兩難：理性與感性的衝突及抉擇 91

謹言慎行：小心才能成就完美的大事 97
自我克制：更多的快樂、創意與尊嚴 102
泰而不驕：做個卑以自牧的謙謙君子 107
幽默感：思想靈活、生活有趣的催化劑 112

參 在塵網裡，搭建美好的和諧

親情萬千：孝的最高境界是尊重父母 118
有朋自遠方來：開啟一個瑰麗的世界 124
尊賢容眾：人際關係的良性回饋 129
人焉廋哉：觀察人有方法，辨識人有訣竅 134
言為心聲：話多不如話少，話少不如話好 139
三省吾身：讓現實我更接近理想我 144
為政以德：如何領導一個工作團隊？ 149
五美四惡：淬鍊你的團隊管理藝術 154
允執其中：合乎常理的中庸之道 159
致中和：從不同與對立中創造和諧 165

肆 在流變中，構築多彩的人生

天命靡常：打好老天給你的這副牌 172
富貴有道：物質與精神上的豐收 178
樂觀解釋：讓失敗散發成功的芬芳 183
名實相符：得到真正的尊嚴與滿足 188

能屈能伸：既堅守原則，又保持彈性 193
盡善盡美：發現與體驗無所不在的美 198
生命歷程：建構你壯麗多采的人生長城 203
不舍晝夜：感恩過去、希望未來、把握當下 208
樂在其中：掌握快樂的四個祕密 213
人間智慧：做個高瞻遠矚的聰明人 217

伍 在迷障中，深刻文化的反省

走下神龕：請給孔子多一點血肉 224
擴充視野：為《論語》的解讀鬆綁 232
不可迴避：孔子家庭生活的真相 238
崇古主義：「半部論語治天下」的迷思 246
鬼神與生死：孔子為什麼不是宗教家？ 252
心靈真貌：人人心中都有君子和小人 260
程朱理學：打倒孔家店，救出孔夫子 267
格物致知：儒家具有科學精神嗎？ 275
心物兼備：彌補正向心理學的缺失 283
重新定位：給孔子和文化一個新義 290

壹

在陽光中，追尋人生的夢想

「志於道」代表求真（真理），「據於德，依於仁」代表求善（完善自我），「游於藝」代表求美。換句話說，孔子的理想人生跟愛因斯坦類似，都是在追求真善美。

孔子為自己的人生找到兩個重要的典範：周公和管仲。在禮樂崩壞的時代裡，周公召喚他重視傳統；在不受魯國重用時，管仲激勵他周遊列國，去尋找能讓他發揮所長的明主。

「君子不器」的現代意義是：不管你是一個外科醫師、程式設計師或鰻魚養殖專家，如果沒有恢弘的人生視野、胸襟和品格，那也只是一種「器」。

除了「舉一隅，不以三隅反，則不復也」這種發散性思考外，「叩其兩端而竭焉」更表示孔子教學生要同時考慮問題的正反兩面，既從事正向思考，也進行逆向思考。

真善美——給生命一個豐華的意義

「我活在這個世界上，到底是為了什麼？」每個人的心底遲早都會浮現這個問題，因為大家都想為自己的存在找到目的，都想追尋自己生命的意義。但所謂「意義」或「目的」，其實都是人給的，而且也沒有什麼標準答案。你要賦予你的生命什麼意義，全靠你自己，因為生命是你自己的。

人生的三種目的或意義

有人認為，人活著就是為了享樂，滿足自然所賦予的各種欲望。《禮記・禮運篇》：「飲食男女，人之大欲存焉。」自然欲望的滿足當然重要，但如果僅止於此，那跟動物似乎就沒有兩樣。而且，滿足自然欲望所獲得的快樂為時都相當短暫，很快就會感到空虛，如果你想繼續有滿足感，通常需要比上一次更大的刺激才能得到同樣的快樂。這樣的人生，只會讓人愈來愈覺得空虛與無聊，想要如此過一生的人應該不會太多。

人在飲食男女之後，總會想再做些什麼。**子曰：**「飽食終日，無所用心，難矣哉！不有博奕者乎？為之，猶賢乎已。」（〈陽貨〉）孔子認為即使是牌戲、下棋等活動，也比什麼都不做來得好。但不管做什麼，重要的是要有所「用心」——把心思放在那上頭。它們包括從上學讀書、上班工作，到假日登山、禮佛、參加合唱團、打太極拳、研究昆蟲等等，各式各樣的活動形成了人在文明社會裡的主要生活內容。如果這些活動能符合你的興趣，又能發揮你的才藝，那你就會有愉悅的滿足感，它們比感官的滿足來得持久，而且能讓你覺得生命有所成長、感到充實並獲得某種尊嚴。

但這顯然也不是孔子想要的人生。當學生子路問他「人生的志願」時，孔子回答：「老者安之，朋友信之，少者懷之。」（〈公冶長〉）這表示孔子不以「獨善其身」為滿足，他還想要「兼濟天下」，走出自我，將自己融入一個更大的群體中，有所用心與付出，讓老年人得到安養，讓朋友們信任，讓年輕人得到關懷；也就是讓世人共享安和樂利的生活，這樣才能使他的生命得到最豐富、最有價值與最大的意義。

孔子與愛因斯坦殊途同歸

「我活在這個世界上，到底是為了什麼？」上面的三個答案或三種目的，分別代表自我享樂、自我成長與自我超越。它們有層次之分，愈上層或愈後面就會讓人覺得生活愈充實、人生愈正面，而生命也顯得愈有意義。讓人敬仰的偉大科學家愛因斯坦曾說：「每個人都有一定的理想，這種理想決定他努力和判斷的方向。在這個意義上，我從來不把安逸和享樂看做是生活本身的目的——我把它稱為『豬欄的理想』。照亮我的道路，並且不斷給予我新的勇氣去正視生活理想的是善、美、真。」在追求真、善、美的過程中，愛因斯坦進一步指出：「只有為別人而活的生命才是值得的」、「只有獻身於社會，才能找出實際上短暫而又有風險的生命意義」。

孔子不只想獻身於社會，而且跟愛因斯坦一樣是在追求真、善、美。怎麼說呢？因為在他的心目中，理想的人生是：「志於道，據於德，依於仁，游於藝。」（〈述而〉），其中「志於道」——以追求真理為志業，代表了求真（理）；「據於德，依於仁」——以德和仁為立身處世的依據，代表了求善（獨善其身又兼濟天下）；而「游於藝」——優遊於藝術的領域，則代表了求美。換句話說，只要我們把孔子在兩千多年前說的話，以現代的觀念和語彙來加以理解，那就不難發現，孔子的理想人生跟愛因斯坦不僅殊途同歸，而且還說得似乎比他更具體而明白。

由此也可知，我們今天讀《論語》，重點是要賦予它新的時代意義。

生命的熱情和能量要有投注的對象

從另一個角度來看，所謂「意義」，一定要有個「對象」，生命的意義就是要為自己生命的熱情和能量找到可以投注的對象。那要以什麼為對象呢？答案也許也會因人而異，但不外人、事和理想這三大範疇，也就是說，想要讓生命有意義，你就必須有人可以愛、有事可以做、有理想可以追尋。當代知名的作家楊絳在九十六歲時，於《走到人生邊上》這本書裡自問自答：生命的意義或人生的價值在於「修煉靈魂、完善自我」。她這個答案看似空靈，意思其實也差不多：一個人要如何修煉靈魂、完善自我？愛人、做事和追尋理想正是主要的途徑；而前面所說對真、善、美的追求，也必須落實在這三個項目上頭。

孔子則說得比較具體，他說：「若聖與仁，則吾豈敢？抑為之不厭，誨人不倦，則可謂云爾已矣。」（〈述而〉）從這句話可知，成聖成仁是孔子一生追尋的理想。為了實現理想，他愛親人、愛學生、愛賢德長者、愛天下蒼生；也做了很多事，包括學而不厭、誨人不倦地從事教育工作，周遊列國尋找從政機會，藉以實現他的政治理想等等。雖然後來理想並沒有充分實現（有的甚至還落空），但這完全無損於他的生命意義，因為他已經為他的熱情和能量找到了可以投注的對象，他的生命為他所愛的人、所做的事、所追尋的理想盡情燃燒，照亮了自己，也照亮了別人，更照亮了後世與世界。

有所相信和有所熱中，讓生命值得活

人異於禽獸的地方是人不甘於本能欲望的滿足，會有理想，想要追求真、善、美，想要有更有意義的人生。能不能實現是另一回事，重要的是要有理想可以追尋，有意義等待創造；這也是《論語》

或孔子給我們的第一個建言，它歷久而彌新，就像美國詩人何梅斯（Oliver Wendell Holmes）所說：「有所相信和有所熱中，讓生命值得活。」在這滾滾紅塵中，你相信什麼又熱中什麼？你要以你的生命能量去愛什麼人？做什麼事？追尋什麼理想？不只能賦予你生命的意義，更決定了你生活的品質。

逝者如斯——選擇從正向觀照人生

每個人對自己、人生、所置身的社會與世界，以及如何從事生命的追尋都各有看法。看法雖然因人而異，但粗略可分為下面兩大類：一是用悲觀的心態，從負面的角度去看；一是用樂觀的心態，從正面的角度去看。不同的觀照角度和心態，會讓人對自己和人生產生截然不同的預期、行動與結果。

孔子用什麼心態看流水？

《論語》裡有這麼一段：子在川上，曰：「逝者如斯夫！不舍晝夜。」〈子罕〉我們要如何理解這段話呢？傳統的看法認為孔子是在感嘆歲月如河水般不斷流逝，失去的再也無法挽回。如果你這樣理解，那你可能就會心生惆悵，甚至悲從中來；但這其實只是悲觀心態、負面角度的看法。如果你改用樂觀的心態、正面的角度去看，那你可能就會認為孔子是驚覺於光陰像流水般不斷前行，我們應該效法流水自強不息，永不間斷地向前奔流，即時把握當下；結果你可能就會受到鼓舞，想更加善用你的人生。

問題是在川上看著流水的孔子，他真正的看法是什麼呢？我以為他會用樂觀的心態、從正面的角度去看。因為他自己說過「知者樂水」（〈雍也〉），一個明智的人會喜歡水、喜歡看水，甚至想要效法水，因為水是活潑的、能通達各處、隨遇而安、不斷奔流、自強不息的。孔子是一個明智的人，所以他在川上，看著不斷向前奔流的河水時，「理應」會有我在上面所說的正向與樂觀的看法。

樂觀與悲觀、正向 vs. 負向

當然，人生與世事相當複雜，我們對它們的看法也不是黑白分明的，世界上少有絕對樂觀或絕對負向的人。所謂樂觀或悲觀、正向或負向只是比例的問題，如果你對多數問題的看法都是樂觀多於悲觀，正向大於負向時，那就可以說是一個樂觀、正向的人；反之，則是一個悲觀、負向的人。樂觀與正向並非全都是好的，而悲觀與負向也不是一無是處，就像有人說：「樂觀者發明了飛機，悲觀者發明了降落傘。」它們對人類與生活可說都各有貢獻，但認真說來，如果沒有飛機，又何需降落傘？所以整體說來，正向與樂觀還是應該優先於負向與悲觀，而且也更有價值。

其實，不只對流水、對其他事物，乃至於對整個人生、生命意義的追尋等，一個明智的人都應該從正面的角度、用樂觀的心態去觀照。因為當你這樣看時，人生就會染上光明與瑰麗的色彩，你相信自己和世界可以變得更美好，命運是掌握在自己手中的，你將因此而充滿希望與活力、積極進取，努力朝自己的目標邁進。但如果你從負面的角度、用悲觀的心態去觀照，那麼人生就會變為暗灰色的，因為你相信自己和世界只會愈來愈糟，一切的努力都屬徒勞，而只能在消極絕望中唉聲嘆氣，看不到自己的未來和出路在哪裡。

晚近的一些科學研究更指出，抱持正向、樂觀的心態可以讓人活得更長壽、更健康、更快樂，而且有更好的學習成果。就像盲人作家海倫•凱勒所說：「沒有一個悲觀者曾發現星星的祕密，或航行到未知的地方，或是為人類的心靈開啟一個新的天堂。」所以，如果你想要為自己開創一個更美好的人生，你就必須先有正向、樂觀的心態。但顯然不是每個人都能有這樣的心態，為什麼有些人樂觀、有些人卻悲觀呢？很多人認為這是先天的氣質使然，其實它們主要來自後天的學習與個人的抉擇。

從不怨天、不尤人，到樂以忘憂

當孔子帶著弟子周遊列國來到楚國，葉公向子路問孔子是怎麼樣的一個人時，子路沒有回答，孔子知道了，對子路說：「女奚不曰：『其為人也，發憤忘食，樂以忘憂，不知老之將至云爾。』」（〈述而〉）這表示孔子希望讓學生和世人知道，他是一個樂觀進取的人。有人說：「你無法決定發生在你身上的事，但要怎麼看它們卻完全來自你的選擇。」孔子出身寒微，又遭逢亂世，生命的客觀條件很差，但他選擇「不怨天，不尤人」（〈憲問〉），早年即努力向學，後來更誨人不倦，希望透過教育與從政來改變自己和社會。即使不被人了解、甚至被誤解，他也是「人不知而不慍」（〈學而〉）。他的「發憤」、「不倦」都不是天生的，而是因後天的自我抉擇所形成的樂觀進取的行為模式；而「樂以忘憂」，則更是以樂觀的心態或從事讀書等樂事，來忘記、消解讓人憂悶的瑣事。

樂觀心態的另一個特徵是對人對事都會往好的一面去想、去看，孔子說的「不逆詐，不億不信」（〈憲問〉），不預先懷疑別人詐欺，也不猜測別人不誠實，正是這個意思。而在需要做選擇時，當然也是選擇正面的標的，譬如居住環境，「里仁為美，擇不處仁，焉得知？」（〈里仁〉）選擇民風仁厚之地，不只正面，而且是明智之舉。

世事與人心都非常多樣，但孔子關注的顯然是正常、光明、合理的一面，他的「見不善如探湯」（〈季氏〉），看到人性中惡劣的一面時，好像手碰到熱水般連忙縮手，似乎避之唯恐不及；但這並非鴕鳥心態，而是認為對黑暗、邪惡的東西了解得再多，用意也不過是在避開它們，那何不直接選擇看事情光明、善良的一面，「見賢思齊」（〈里仁〉）、「擇其善者而從之」（〈述而〉）呢？

君子坦蕩蕩，小人長戚戚

孔子對人生不僅懷抱正向、樂觀心態，而且還稱道這種心態。所謂「君子坦蕩蕩，小人長戚戚」（〈述而〉），心胸開闊、光明磊落的君子，通常也是樂觀進取的；而心中忐忑、常懷憂戚的小人，則多半是消極悲觀的。反過來說，如果你對生命的看法是正向、樂觀的，那麼你就比較有可能成為心胸開闊、光明磊落的君子；但如果你的心態是負向、悲觀的，那就得小心不要淪為心中忐忑、常懷憂戚的小人。

從正面角度去看人生的樂觀者，常被譏為想法過於天真。持平而論，人生並非樂觀者所認為的那樣正面與樂觀，但也絕非悲觀者所想像的那樣負面與悲觀。這不只是事實的問題，更是選擇的問題。在踏上人生征途時，能夠像孔子一樣選擇正向、樂觀的心態，其實就是選擇要做一個天真而又務實的人。

盍各言爾志——要把雞蛋放在什麼籃子裡？

如果說人生是一種自我追尋與自我實現的歷程，那你得先弄明白：你到底想追尋什麼？想實現什麼？你的人生理想又是什麼？也就是說，你準備把你的雞蛋放在什麼籃子裡？這是最基本也最重要的問題。就像孔子的門生有子所說：「君子務本，本立而道生。」（〈學而〉）在確立自己想追尋、實現的理想後，你的人生才會有方向、有目標、有道路；而它們，也就是一般所說的志向。

子路、顏回和孔子「人各有志」

孔子鼓勵他的學生即早發現、表白自己的志向。有一天，當他和子路、顏回在一起時，他主動引導他們「盍各言爾志？」子路說他「願車馬衣裘，與朋友共，敝之而無憾」，也就是說他的志向在於廣交知心的朋友，和他們共享各種生活所需；顏回則說他「願無伐善，無施勞」，希望能不誇耀自己的長處，不表白自己的功勞，也就是說以完善自我、待人謙和為目標。在子路的反問下，孔子則說自己的理想是「老者安之，朋友信之，少者懷之」（〈公冶長〉），讓老年人得到安養，朋友們互相信任，年輕人得到關懷；也就是說他希望能為社會的安和樂利貢獻心力。

師生三人各有不同的志向，多少是反映他們各自的稟性與關注。但在言談間，孔子並沒有對子路和顏回的志向做出褒貶，更沒有說自己的志向比他們高明；這多少表示孔子認為「人各有志」，一個人的志向只要合乎自己的稟性、興趣和信念，都值得鼓勵，並應該給予尊重。在立志時，我們要聽從的是自己生命的鼓聲，而不是別人的指令。

「志」的範疇與階段性

除了「人各有志」，孔子更認為一個人的理想或志向應該是多面向的。這不是說我們要同時有好幾個目標，而是人生有很多範疇或層面，在不同的範疇和層面，我們最好都能有努力的方向和想要達到的目標。在《論語》裡，孔子最少提過「志於學」、「志於仁」與「志於道」這三個項目，「學」是指學習各種知識和技能，目的在充實自己、認識世界與具備謀生的本事；「仁」是在人格修養、待人接物方面努力的鵠的；而「道」——一方面要追求真理，一方面想實現先王之道，則是他人生奮鬥的目標。

人生的目標也有階段性。在先後順序上，「學」是最先出現——「吾十有五而志於學」（〈為政〉），它也是實現「仁」與「道」的基礎；但直到老年，孔子依然「學而不厭」（〈述而〉），這說明真正的志向和理想是不會輕易消失的。「學」、「仁」與「道」這三個目標不僅不會互相衝突，而且還能相輔相成，「老者安之，朋友信之，少者懷之」，其實就是在實踐他所追求的「仁」與「道」。我們可以這樣說：階段性的目標讓我們的人生能夠循序漸進，而多元的志向與理想則為我們帶來豐富又均衡的人生。

「無欲速，無見小利」

在追求人生的目標時，孔子提醒我們：「無欲速，無見小利。」也就是切忌急功近利，因為「欲速則不達，見小利則大事不成」（〈子路〉），既然要「志於道」，那就要追求「大道」，一如子夏所言「小道」雖然「必有可觀者焉」，但「君子不為」，因為「致遠恐泥」（〈子張〉）——會妨礙更遠大的目標。這聽起來似乎有點好高騖遠，但孔子其實是勸我們要如德國文豪歌德所說：「不要做小夢，因為它們沒有力量撼動人心。」只有遠大的目標和夢想，才能激發鬥志，而我們也才能在其中成長。

有人也許會說，孔子所說的遠大目標和理想顯得空泛、大而無當，不像現代人「立志當醫師」或「三十歲賺進第一桶金」那般具體而明確。其實，孔子的「志於仁」比「立志當醫師」高明許多，因為「當醫師」只是實現「仁」（仁愛、助人）的一種途徑或職業；將人生的志向局限在某種職業上，反而是褊窄、低層次的觀點；我們要「立」的應該是像孔子所說，能為人生指出大方向、大原則的「志」。

真正的「志」讓人定心

人生的目標，特別是遠大的目標，都不是一蹴可幾的，通常必須面對各種橫逆與挫折，這時也是考驗個人志向的真偽與可信度的關鍵時刻。孔子說：「三軍可奪帥也，匹夫不可奪志也。」（〈子罕〉）真正的志向是不會輕易被剝奪、妥協或放棄的，而也唯有在風雨飄搖中仍堅定不移的，那才是可以信賴的志向。

有了遠大的志向和明確的目標，除了能將生活納入軌道，讓生命充滿意義外，還可以讓我們定下心來，減少很多不必要的誘惑和干擾，就像孔子所說：「苟志於仁矣，無惡也。」（〈里仁〉）如果已經立志要做個正人君子，你就能對邪惡的誘惑敬謝不敏。而既然已經「志於道」，要追求真理或實現先王之道，那就不會也不應該再以「惡衣惡食」為恥（〈里仁〉）；甚至還能讓人產生神聖的使命感，不畏外在的種種橫逆，就像孔子在周遊列國途中，受到桓魋的追殺時，能神態自若地說：「天生德於予，桓魋其如予何？」（〈述而〉）清晰的志向與堅定的意志讓人心安理得，勇往直前。

孔子和羅素的提醒

每個人都有不同的際遇，但人生重要的不是你從哪裡來，而是你將往何處去？沒有方向的人生，就好像沒有羅盤的航行，會讓人迷失在茫茫人海中。立志，就是要為自己的人生找到方向，也可以說是在為自己生命的熱情找到可以投注的對象。英國哲學家羅素（Bertrand Russell）說：「有三種純潔但無比強烈的熱情支配著我的一生，那就是對愛情的渴望、對知識的追求、對人類苦難不可遏制的同情心。」這跟孔子所說的「志於學」、「志於仁」與「志於道」非常類似，當你在為自己的生命熱情尋找投注對象，為自己的人生尋找方向與目標時，孔子和羅素都提醒我們，如果想要有豐富而均衡的人生，那就不要把所有的雞蛋都放在同一個籃子裡，而應該在不同的領域各有不同的目標。

有為者亦若是——典範的召喚與啓迪

深夜航行於茫茫大海中的船隻，需要靠遠方燈塔的指引，才能使它的航行更安全也更順利。在人生的汪洋中，我們也需要有這樣的燈塔，那就是可以指引我們生命航程的典範。典範，指的通常是一些具體的人物；從典範身上，我們會發現我們所喜歡的某些特質，看到自己嚮往的一些遠景，進而聽到召喚，受到啟迪。所謂生命的追尋，通常就是去發現自己心儀的典範，然後在他們的召喚與啟迪下，發揮潛能，實現自我的一個過程。

孔子生命中最重要的典範——周公

孔子提醒我們，除了要從正向、光明、好的一面去觀照人生，更重要的是要學習正向、光明、好的行為，將它們落實到生活層面。但要怎麼學習呢？很多學習都只是觀念的灌輸，譬如說做人要「有情有義」，做事要「盡心盡力」等等，這種學習通常會淪為教條化，而且顯得空泛，不如以具體的、活生生的人為榜樣，也就是孔子所說的：「就有道而正焉」（〈學而〉）、「擇其善者而從之」

〈述而〉)、「見賢思齊焉」(〈里仁〉);這些話裡頭的有道者、善者、賢者,就是前面所說的典範。

其實,孔子在他生命追尋的過程中,就有一個非常鮮明的典範——周公。我們知道,周公先後輔佐過哥哥周武王和姪子周成王,在當政其間,制禮作樂,為周朝乃至後代的政治與文化建立了一套完善的典章制度,讓百姓安居樂業。在人格方面,他戮力從公,禮賢下士,「一沐三握髮,一飯三吐哺」,而又潔身自愛,謹守君臣分際。孔子極為推崇周公,他說:「周監於二代,郁郁乎文哉!吾從周。」(〈八佾〉)從夏商兩代修訂而來的周朝禮制,讓孔子覺得美極了,正是他想遵從的;而制定周禮的周公,當然也就成了他想追隨的典範。

事實上,孔子早年的問禮於老子,後來的教學與從政,乃至周遊列國,都是為了推行禮樂,想重現周公時代的盛世。而從他後來所說的:「甚矣!吾衰也,久矣吾不復夢見周公。」(〈述而〉)更可知,他對周公的崇拜與思慕已到了「魂牽夢縈」的地步。

典範帶來憧憬、激勵、慰藉與滋潤

有些典範像汪洋中的燈塔,有些典範則更像夜空中的星辰。對孔子來說,周公就是這樣一顆天際的巨星,雖然星球本體已經安息,但他的德行之光和功業之輝,卻穿越歷史長空,進入仰望者孔子的心中,讓他產生憧憬,照亮並指引他的前程。

一個對人生懷抱憧憬的人，必然會有他的典範。孔子有孔子的典範，顏回也有顏回的典範。顏回說：「舜何人也？予何人也？有為者亦若是。」（《孟子．滕文公》）舜就是顏回心目中的典範，舜讓顏回想到自己的不足（見善如不及），不過只要自己好好努力，也可以像舜一樣；這種激勵作用，正是典範最主要的功能。但所謂「有為者亦若是」，並不是說顏回想像舜一樣成為「天子」，他要學習、要效法的是舜的人格與真精神——仁與孝。

現代心理學告訴我們，當你將景仰的某人視為典範時，自然就會對他產生仿同作用與含攝作用，在不知不覺間吸納他的一些人格特質與行為模式，而成為你的一部分。另一方面，當顏回在陋巷裡過著清貧生活時，若想到舜，心裡想必就會充滿了溫暖，這是典範的另一個功能：在生命困頓的時候，提供我們心靈的慰藉與滋潤作用，讓我們獲得再生的力量。

人生非常多面，典範也要多元化

人生非常多面，如果你只以某個人為典範，在各方面都不遺餘力地去效法他，那即使做得再好，頂多也只能成為「某某第二」，自己的生命就會失去獨特的意義。孔子雖然以周公為典範，但顯然也不是只有這個典範，我們從《論語》裡面即可發現，幫助齊桓公成就霸業的管仲就是孔子的另一個典範，當子貢問：「管仲非仁者與？桓公殺公子糾，不能死，又相之。」孔子回答：「管仲相桓公，霸諸侯，一匡天下，民到于今受其賜。微管仲，吾其被髮左衽矣。豈若匹夫匹婦之為諒也，自經於溝瀆，而莫之知也。」（〈憲問〉）孔子認同、讚美管仲能從大處著眼，以「一匡天下」為己任，而不像小老百姓般恪守小節，只會在山溝裡自殺。就是因為對管仲的這種認同、讚美，並以他為典範，而使孔子在自己的母國——魯國無法施展時，轉而周遊列國，到別的國家去尋求實現其政治抱負的機會。

當然，顏回也不是只以舜做為自己典範。孔子也許是他更親近的典範，他稱讚老師孔子：「仰之彌高，鑽之彌堅，瞻之在前，忽焉在後。夫子循循然善誘人，博我以文，約我以禮，欲罷不能。即竭吾才，如有所立，卓爾。雖欲從之，末由也已。」（〈子罕〉）孔子就像站在他眼前的一位巨人，他一直想努力追尋孔子，但卻力有未逮。

這也是為什麼當子路問怎樣做才是一個完美的人時，孔子會說「若臧武仲之知，公綽之不欲，卞莊子之勇，冉求之藝，文之以禮樂，亦可以為成人矣」（〈憲問〉）的原因。孔子一口氣舉了四個人：在智慧方面，要以臧武仲為典範；在自制方面，要學孟公綽；在勇氣方面，要效法卞莊子；在才藝方面，要以冉求為榜樣。其中，臧武仲、孟公綽和卞莊子都是當時魯國的大夫，而冉求則是孔子的弟子。因為沒有人是十全十美的，也沒有一個典範是十全十美的，就好像我們在前面說一個人的目標應該多面向、多元化，如果能在生命的各個領域都分別找到一個可以供我們學習的典範，那不僅比較可行，而且會更為理想。

兼容並蓄，走出自己的路

可以做為典範的不只是人，還包括器物、典章、制度等。當顏回問怎樣治理國家時，孔子說：「行夏之時，乘殷之輅，服周之冕，樂則韶舞。」（〈衛靈公〉）意思是要用夏代的曆法（有利於農業生產），乘商代的車子（樸實適用），戴周代的禮帽（華美），演奏《韶》樂（優美動聽）。這表示孔子雖然以周公和周禮為典範，但他並不會因此而認為什麼都要學周公，什麼都要沿襲周代的體制，他還是會在不同領域選擇他認為最好的來做典範。

這也是我們在為自己的人生尋找典範時，應該特別留意的重點。其實，我們在這裡談孔子、說《論語》，主要也是在於孔子可以做為我們人生的一個典範。但不管你以誰為典範，對典範的學習絕不能亦步亦趨、依樣畫葫蘆、照單全收；我們要效法的是典範的神髓而非皮毛，典範再好，也只是我們的指引者，所謂「師父引進門，修行靠個人」，自我追尋就是兼容並蓄幾個典範，走出自己的路，形成自己的風格。

學而時習之——更好的你來自更多的學習

人生是不斷追尋的過程，更是不斷學習的過程。我們賴以謀生的知識和技能，絕大多數的言行舉止，甚至包括思想、情感、品格等，都是由學習得來。你對學習的態度、學習的內容和成果，深深影響你生命的紋理與生活的品質，我們甚至可以說，現在的你，就是你過去學習的整體表現。而要成為更好的你，不只需要更多的學習，還要對學習有更多的了解。

為了想「用」才去「學」太消極

關於學習，孔子說過，最上等的是「生而知之者」（〈季氏〉），而他只是「好古，敏以求之」的「學而知之者」（〈述而〉）。其實，現在的專家已認為，除了本能與一些基本的認知模式是「與生俱來」外，人類的各種知識、技能與品格等都來自後天的學習；而且後天的學習還能大幅修正先天的本能與認知模式。每個人的學習能力也許有差別，但並沒有人能生而知之，各種知識、技能與品格都是來自當事者的後天學習。

我們為什麼要學習？孔子說：「古之學者為己，今之學者為人。」（〈憲問〉）以前的人學習是為了自己，後來的人卻是為了向他人炫耀。如果為了炫耀，那可能就會趕時髦，專學些浮誇的花拳繡腿，而失去學習的本意。那什麼才是「為己而學」呢？主要目的當然是為了想「學以致用」，希望學到的東西都能夠在生活中派上用場，有助於成就我們的人生目標或生命的意義。《論語》提到「學而優則仕」（〈子張〉），孔子及其弟子的勤學不輟，顯然是以能夠藉從政來施展抱負為鵠的。當然，每個人的志趣不同，學習的目的也不同，但如果是為了想「用」才去「學」，那就好像為了文憑而上學，多少是消極、被動的，甚至還會讓學習成為一種負擔。對於學習，我們應該有更積極的態度。

滿足好奇心與求知欲方是學習初衷

學習的功能經常是多元的，譬如誦讀《詩經》，孔子就說：「小子！何莫學夫詩？詩，可以興，可以觀，可以群，可以怨；邇之事父，遠之事君；多識於鳥獸草木之名。」（〈陽貨〉）學習《詩經》不只可以讓人了解奉侍君父之道，還可以抒發情緒、激發心志、認識大自然。但不管學什麼，最原始的動機應該都是為了滿足我們的好奇心和求知欲，《論語》開宗明義就說：「學而時習之，不亦說乎？」（〈學而〉）後來更說：「知之者不如好之者，好之者不如樂之者。」（〈雍也〉）這種喜悅與樂趣，就是來自好奇心與求知欲的滿足，「學以致用」只是它的附加價值。如果能抱持這樣的心態，我們就能更主動去學習，過程更輕鬆愉快，效果也會更好。先不考慮有用無用，只要有興趣有時間就去學，學會的東西有一天因緣際會，在意想不到的地方派上用場，那才更讓人驚喜！

什麼都可以學，什麼人都可以當老師

孔子是個樂於學習的人，他自己說：「吾少也賤，故多能鄙事。」（〈子罕〉）又說：「吾不試，故藝。」（〈子罕〉）而子貢更說他：「夫子焉不學？」（〈子張〉）孔子不僅學了各式各樣的絕活，而且「學而不厭」（〈述而〉），更自認為「十室之邑，必有忠信如丘者焉，不如丘之好學也」（〈公冶長〉）。為了學習，他還「發憤忘食，樂以忘憂，不知老之將至」（〈述而〉），可以說是典型的「活到老，學到老」。

為了方便學習，人類發明了學校，並有專業的老師從事教學的工作。孔子可能是中國第一個私人開班授課的老師，雖然他是有三千個學生的老師，後來更被尊稱為「萬世師表」，但他自己卻也有很多老師，因為每個在某方面懂得比他多的人都是他請教的對象，也是他的老師，他自己說：「三人行，必有我師焉。」（〈述而〉）而子貢更說他：「夫子焉不學，而亦何常師之有？」（〈子張〉）這些都讓人想起西方諺語：「只要有心學習，一定能找到老師。」學習最關鍵的是自己要「有心」。

只要「有心」，那什麼都可以學，什麼時候、什麼地方都可以學，什麼人都可以當我們的老師。

「問」是更重要的「學」

不管學什麼，除了主動找老師、主動學習外，更要主動發問。孔子是個很有學問的人，而他的「學問」有很多都來自「問」：不僅「入太廟，每事問」（〈八佾〉），而且還「不恥下問」（〈公冶長〉）。孔子的弟子曾子更說：「以能問於不能，以多問於寡，有若無，實若虛，犯而不校。昔者吾友，嘗從事於斯矣。」（〈泰伯〉）自己有才能卻向沒才能的人發問，自己知識多卻向知識少的人請教，有學問就像沒學問一樣；這種謙虛自持，隨時隨地向人發問以充實自己的行徑，應該是孔子和他的弟子們共通的學習模式。

猶太人跟華人一樣，很重視學習和教育，但重點卻不太一樣。一九四四年的諾貝爾物理獎得主伊薩克・拉比（Isidor Isaac Rabi）是個猶太人，他在接受採訪時說，他要感謝父母給他的家庭教育。小時候，他每次放學回家，媽媽總是關心他在學校的情況，但不是像中國父母問「你今天在學校學到了什麼？」而是問「你今天問老師什麼問題了嗎？」也許這就是華人和猶太人在文化、教育與創造力方面差別的根本原因之一。

華人一向不太喜歡發問，但這跟孔子一點關係也沒有，反而是我們要多多向孔子和他的弟子們學習。問人家問題也許會讓自己一時覺得像個蠢人，但不問才永遠是個蠢人；而且發問，不要只希望別人給你現成的答案，更重要的是要問「為什麼？」然後自己去找答案。就像另一個得過諾貝爾物理獎的猶太人愛因斯坦所說：「重要的是不要停止發問，好奇心自有它存在的理由。」這是我們應該特別注意與學習的地方。

「學則不固」與「溫故而知新」

學習，應該是終生的興趣和工作。人類的知識、技能和文明不斷地進展，每天都有一些值得我們學習的新知識、新技能和新東西。但很多人都是在學習到某個階段後，就不再學習新東西，故步自封，結果就阻礙了個人、家庭與社會的成長。孔子說「學則不固」（〈學而〉），不斷學習，特別是學習迥異於自己熟悉的知識和技能，可以開闊我們的心胸和眼界，免於固執。

而在學習新東西時，孔子說：「學如不及，猶恐失之。」（〈泰伯〉）學習新東西就好像追趕不上一樣，又擔心會丟掉什麼。而「子路有聞，未之能行，唯恐有聞」（〈公冶長〉），子路在聽到一個新道理，還沒能親自去實行，唯恐又聽到新的道理。這都再再表示，學習不能浮光掠影、生張熟魏，學了這個就忘掉那個，看似樣樣通，其實樣樣鬆。而要避免這種情況，最踏實的方法就是要「溫故而知新」（〈為政〉），既要溫習（不忘）過去所學，同時也要不斷吸收新知，融會貫通新知與舊學，才能發揮更大的功效。

要以行動來驗證、實踐、應用所學

不管我們學習的是知識、技能或做人做事的道理，所謂「學而時習之」，我們不只要「學」，更要「習」。「習」除了要經常「溫習」所學外，更有用行動來驗證、實踐、應用所學之意。如果沒有經過驗證，怎麼知道所學的真偽？如果沒有經過實踐，怎麼知道學得的那一套是否可行？特別是立身處世方面的道理，如果你不落實在生活裡，不身體力行，那麼學得愈多，反而變得愈虛偽。

所有的學習，最後都匯流到同一個方向：學習如何讓自己的人生變得更美好。如果你有這個想望，那你就應該樂於學習，也樂於用行動來驗證、實踐、應用所學。

君子不器——你最需要學習的是什麼？

更豐富與更華美的人生來自更好與更多的學習。前文介紹了孔子認為我們對學習應有的心態、學習的原則與方法，但當今社會要學、可學的東西太多，多數人更在意的也許是我們是否應該列出一個輕重、先後、緩急的順序，決定什麼才是我們最需要學習的？

這的確是個問題。一個現代人通常需要經過十幾年正規的學校教育，學的又都以知識和技能為主，而且愈到後來所學的東西就愈專業。這跟孔子所處時代的學習已經有了很大的差別，那他在這方面的看法，還能給我們什麼啟示嗎？

孔子所學與教學的內容

首先，我們要先看孔子自己學了什麼？「信而好古」（〈述而〉）的他對古代的典籍顯然很有研究，從《論語》的記載可知，他對夏禮、殷禮、周禮，還有在他之前的三代歷史都頗為熟悉；他數次提到《詩經》，也學過並引用《易經》。

此外，孔子亦像子貢所說：「夫子焉不學。」（〈子張〉）他不只博學，還多才多藝，當達巷黨人說孔子非常博學，以致於無法以某一種專長來稱讚他：「大哉孔子！博學而無所成名。」孔子知道了，對弟子們說：「吾何執？執御乎？執射乎？吾執御矣。」（〈子罕〉）意思是如果要他在駕車（御）和射箭（射）擇一做為專長，那他要選擇駕車。這表示孔子也擅長體能活動，他對《周禮》所說的禮、樂、射、御、書、數「六藝」應該都非常有心得。

關於孔子教學的內容，《論語》提到：「子以四教：文、行、忠、信。」（〈述而〉）「文」指的是詩、書、禮、樂等典籍，「行」指的是德行、行為的準則，「忠」和「信」指的是竭誠盡力、守信不欺。當然，他的教學應該也涵蓋了前面所說的「六藝」，司馬遷的《史記．孔子世家》就說：「孔子以詩書禮樂教，弟子蓋三千焉，身通六藝者七十有二人。」

人文知識與品格的培養

從這個簡單的介紹可知，孔子當年的教學以人文知識、品格培養和體能訓練為主，特別是品格培養這個項目。所以他才會說：「君子食無求飽，居無求安，敏於事而慎於言，就有道而正焉，可謂好學也已。」（〈學而〉）而孔子的得意門生子夏亦說：「賢賢易色（以看重賢德來替代美色）；事父母能竭其力；事君能致其身；與朋友交，言而有信。雖曰未學，吾必謂之學矣。」（〈學而〉）這都表示良好的行為表現是孔子認為我們應該學習的項目，或者說學習就是為了能有良好的行為表現。

孔子更進一步說：「好仁不好學，其蔽也愚；好知不好學，其蔽也蕩；好信不好學，其蔽也賊；好直不好學，其蔽也絞；好勇不好學，其蔽也亂；好剛不好學，其蔽也狂。」（〈陽貨〉）意思是只想擁有仁德、才智、誠信、正直、勇敢、剛強這些美好的品格或特質，但卻不喜歡學習如何以適當的方式來表達（容後再述），那就會產生受人愚弄、流於放蕩、危害到自身、流於急切、犯上作亂、狂妄自大的弊病。

對自然科學知識的忽略

如果跟現代的教育或學習做比較，我們可以清楚感覺到，孔子顯然忽略了現在社會所重視的自然科學知識。特別是當弟子樊遲想向他「學稼」、「學圃」時，孔子卻回答說「吾不如老農」、「吾不如老圃」，事後還說樊遲是個「小人」（普通老百姓），認為在上位的主政者只要重視禮、義、信等美德，就能讓四方百姓抱兒來歸，「焉用稼？」（〈子路〉）根本不用自己去學什麼莊稼之類的事。

從這裡可以看出，孔子認為他和弟子們要關心、要學習的是如何獲得並提升跟「正心誠意修身齊家治國平天下」有關的知識，就像子貢稱讚孔子時所說的：「賢者識其大者，不賢者識其小者。」（〈子張〉）知識的領域浩瀚無垠，一個明智的人應該學習、掌握的是可做為建立安和樂利社會之根本的大知識、大道，也就是「**朝聞道，夕死可矣！**」（〈里仁〉）裡面的那個「道」，而它們顯然都是人文、品格、政治方面的知識；相較之下，莊稼等農業乃至於生物、化學、醫學、物理等方面的知識就都成了末端、細微的小道。

聞道有先後，術業有專攻

有人因此把中國物理、化學、生物、醫學等自然科學的落後怪罪到孔子身上，但這其實很值得商榷。首先，孔子並沒有「禁止」人們去學習自然科學方面的知識（即使禁止，譬如他要我們「**非禮勿視**」，又有誰乖乖聽話了？）如果你認為自然科學知識重要，那你自己不主動去學習，要怪也只能怪自己，怎麼怪起兩千多年前的孔子呢？對自己為什麼會缺乏某一類別的知識，我們都應該做如是觀，不要把責任推到別人身上。

再者，沒有人能擁有全部的知識，所謂「聞道有先後，術業有專攻」，每個人都有他專精的領域，孔子是個人文學者，以從政、建立理想社會為目標，他特別重視人文、道德與政治知識，乃理所當然。他並非有意要貶抑農業或生物學知識，而是認為在執政後，再指派專家去主持這方面的工作即可。有人也許會說，只注重道德和人文知識，卻忽略更實用的知識，難免太過迂腐；但如果擁有一大堆實用的知識（譬如製造核子彈），但卻毫無品德可言，那恐怕才是更危險的事吧？

為人處世之道最是需要學習

一個理想的君子應該是何模樣？孔子說：「君子不器。」（〈為政〉）這個觀念在今天還是非常適用，不管什麼時代，孔子認為一個理想的君子不要淪為只具有某種特殊功能的器具。但學有專精的現代人，不管是外科醫師、程式設計師或鰻魚養殖專家，如果沒有恢弘的人生視野，那也只是一種「器」。

孔子對如何教導一個人成為「器」沒什麼興趣，但不管你是什麼「器」，只要你是人，而且想成為君子，那麼人文與品格知識卻都是你必須學習的。它們比電機、化學、醫學等更基本、更重要，也更實用，因為電機、化學、醫學只是我們偶爾會用到的，而為人處世之道卻是我們每天、一生都必須具備的知識。在學校教育只注重知識與技術的傳授，但卻忽略品德及生命教育的這個時代，好好學習為人處世之道不僅格外重要，而且會讓你受益無窮。

認真思考——叩其兩端，求異又求同

你期待什麼樣的人生？又要如何去實現你的期待？你的期待和方法是否可行？這些都需要你自己先好好思考、仔細評估。如果你「不假思索」，矇著眼睛就匆匆上路，等走到半路才驚覺有異，往往悔之已晚。思考，不僅使我們別於動物與機器，更是想要擁有美好人生必要的條件與功課。

學而不思則罔，思而不學則殆

當然，我們不可能在做通盤思考後才開始人生，而是一邊生活一邊思考，或者說一邊學習一邊思考。對於學習和思考的關係，孔子給我們一個很實際的觀察心得，也就是「學而不思則罔，思而不學則殆」（〈為政〉）。

我們的觀念和知識都是由學習得來，但如果只是被動地接受，而不自己動腦筋思考、推敲、消化，那你的頭腦就成了別人思想的運動場，你就會被別人牽著鼻子走，所得到的也只是一堆人云亦云的迷糊東西，這就是「學而不思則罔」；特別是跟人生哲學有關的觀念和知識，你一定要好好思考它們是否有理、是否是你真正喜歡的？不要人家（包括孔子）說什麼就立刻奉為金科玉律。另一方面，如果只喜歡思考而不多學習，那麼思考所得往往也是不切實際的；因為思考不能天馬行空、毫無根據，你的分析、推理和判斷都需要有扎實的知識做基礎，愈見多識廣，你才能做愈靈活而周延的思考，這就是「思而不學則殆」。

思考與學習須相輔相成。但何者較重要，或者我們要各花多少時間在它們上頭呢？孔子的一個經驗是：「吾嘗終日不食，終夜不寢，以思，無益，不如學也。」（〈衛靈公〉）這似乎表示孔子認為學習比思考重要，但也透露他曾經花很長的時間去思考。

台大的椰林大道上有一座傅鐘，是紀念傅斯年校長而建，也是台大的上課鐘，每次上課都會敲二十一下。為什麼是二十一響呢？因為傅校長說：「一天只有二十一個小時，剩下三個小時是用來思考的。」他希望台大學生不只要好好學習，更要認真思考。其實，重要的不是你每天花多少時間去思考，而是你在思考什麼、又如何思考。

孔子不思考怪、力、亂、神

我們不可能什麼都思考，孔子給我們的大方向是：「人無遠慮，必有近憂。」（〈衛靈公〉）我們要高瞻遠矚，想得遠一點，但也不能想得太遠，譬如子路問死亡是怎麼一回事時，孔子回答：「未知生，焉知死？」（〈先進〉）而對於鬼神問題，孔子也說：「敬鬼神而遠之。」（〈雍也〉）至於其他奇怪的問題，他也是：「子不語怪、力、亂、神。」（〈述而〉）疏遠、不談顯然也就不會花時間去思考，這些都表示孔子對神祕、黑暗、異常、變態的問題沒興趣，他關注的是在這個唯一可見的塵世裡的現實問題。

有人把中國科學的不發達怪罪到孔子身上（科學的進展來自對自然異象的觀察、思考與探索），但這是典型的「欠思考」，我們在前面已經說過，孔子是個人文學家，也是個正向心理學家，他思考他感興趣的問題是「理所當然」；既然你對科學有興趣、關心科學發展，那自己就應該多花時間去思考；自己不去思考相關問題，卻怪兩千多年前的孔子沒有思考它們，不是很奇怪嗎？

孔子思考的重點和方向

美國心理學之父詹姆士（William James）說：「天才的本質是曉得應該忽略什麼。」你不可能什麼都要，什麼都思考，所以，你首先要思考的是你該忽略什麼，不要花時間去想一些你沒興趣、也不可能有答案的問題，然後再列出你想要思考的重點和方向。

孔子在思考問題時，正具有這種特色，他說：「君子有九思：視思明，聽思聰，色思溫，貌思恭，言思忠，事思敬，疑思問，忿思難，見得思義。」（〈季氏〉）意思是為人處世，在觀察時要思考是否看明白，傾聽時要思考是否聽清楚；言行舉止、取捨進退要思考是否合乎溫和、謙恭、忠誠、嚴謹、道義等準則。從這些思考內涵可知，孔子關心的是一個人要如何在這個塵世安身立命，做個才德兼備的君子。

發散性思考與收斂性思考

除了思考的內涵和方向外，如何思考也是一個重要的問題。《論語》裡雖沒有特別提到思考方法，但孔子說他教學時，「舉一隅不以三隅反，則不復也」（〈述而〉），意思是教學生某一個方面的東西，他若不能由此推知其他三個方面的東西，就不再教他了。這種鼓勵學生動腦筋「舉一反三」——譬如說木頭可以做桌子，學生就要舉出另外三種用途——其實就是現在所說的「發散性思考」或「求異思考」。

而在另一個場合，孔子問子貢：「女以予為多學而識之者與？」當子貢說「不是這樣嗎？」他又回答：「非也，予一以貫之。」（〈衛靈公〉）這又表示他的為學並非盲目地記些雜亂的東西，而是從複雜的表象中析理出一個普遍的法則，化繁為簡，這正是現代所說的「收斂性思考」或「求同思考」。

兼顧正向與逆向思考

除了「能發能收」、「求異求同」外，孔子在思考問題時，更會兼顧正反兩面。他說當有粗人來向他請教，他對對方的問題雖然一無所知，但只要「叩其兩端而竭焉」（〈子罕〉），最後通常也就能搞清楚。所謂「叩其兩端」，就是分別考慮問題的正反兩面，既從事「正向思考」，也進行「逆向思考」，這些都顯示孔子其實是個思考行家。不管你思考的是人文問題或科學問題，是生命意義或產品行銷，發散性思考與收斂性思考、正向思考與逆向思考都是讓你的思考更靈活、更周延的必備工具。

英國詩人拜倫（George Gordon Byron）說：「不願思考的是頑固者，不能思考的是愚人，不敢思考的是奴隸。」人生是你自己的，你想要有什麼樣的人生，只能靠你自己去思考；而想要有更美好的人生，則要認真學習思考，並勇於去思考。

堅定信念——將天堂帶給你的靈魂

一個人的理想、志向和目標就好比是在人生汪洋中航行的航海圖，而知識、思考和判斷能力則是用來航行的本事，但光靠這些，還是很難順利抵達想望的目的地，就像哲學家桑塔耶納（George Santayana）所說：「哥倫布發現新大陸，靠的不是航海圖，而是天啟般的信念。」船要在怒濤洶湧的海上安穩直行，必須有壓艙物；你要在人生的汪洋中順暢航行，也必須有壓艙物。你的信念和由此產生的意志力就是你的壓艙物，只有堅定穩重的信念與意志力才足以讓你將各種懷疑、憂慮擋在門外，在風雨飄搖中安詳自在地前行，不受干擾，更不會迷失方向。

要前進或停止，完全看你自己

雖然每個人都會立志、也都有夢想，但真正能美夢成真的似乎不多。除了夢想與現實的落差太大外，最主要的原因是多數人對實現夢想都缺乏堅定的信念與堅持下去的意志力，遇到挫折就心灰意冷、打退堂鼓，不是懷疑、放棄自己的信念，就是改變方向、大幅修正本來的計畫，結果離原先的目標就愈來愈遠，終至完全走樣。

當孔子的一個弟子冉求說他「非不說（悅）子之道，力不足也」時，孔子就指責他「力不足者，中道而廢，今女畫」（〈雍也〉），說什麼力不從心、半途而廢，那完全是自己在畫地自限。他還說：「譬如為山，未成一簣，止，吾止也；譬如平地，雖覆一簣，進，吾往也。」（〈子罕〉）一個人在立定志向和目標後，要實現它就好像用土堆山，當只差一筐土就完成時，如果停下來，那是我自己要停下來的；也好像要將地填平，雖然只倒下一筐，如果能繼續前進，那也是我自己要繼續前進的。也就是說要前進或停止，完全看你自己，而關鍵就在於你是否有堅定的信念和意志力。

孔子堅定的信念與不移的意志力

孔子說：「三軍可奪帥也，匹夫不可奪志也。」（〈子罕〉）這裡的「志」除了志向外，更有「意志」的意思，而不移的意志力則來自堅定的信念。對於真實與必然的東西，我們不需要信念，只有對不知道是否真實、是否會發生的事情，才有所謂信念的問題。當年哥倫布向西航行能不能抵達印度？因為不確定，所以他需要信念；你能不能實現你的夢想？當然也無法確定，所以同樣需要信念。信念，就是相信「它」是真的、一定會發生或實現的。就像美國神學家楚布拉德（Elton Trueblood）所說：「信念不是沒有證據的相信，而是沒有保留的信賴。」

孔子不僅有明確的志向——建立一個理想的禮義之邦，對此更有堅定的信念和不移的意志力。信念不是在嘴巴上說說而已，它必須接受現實的嚴酷考驗。當孔子周遊列國推銷他的政治理念時，一再遭遇挫折與打擊，但他還是不改其志。當在匡地被誤認為陽虎而深陷險境時，他說：「文王既沒，文不在茲乎？……天之未喪斯文也，匡人其如予何？」（〈子罕〉）意思是說周文王死後，周朝的禮樂文化傳統都落在他身上，如果上天不想讓這種文化滅絕，那麼匡人又能把他怎麼樣呢？

在經過宋國時，宋國的司馬桓魋要來追殺他，孔子再次說：「天生德於予，桓魋其如予何？」（〈述而〉）他認為上天賦予他倫理的正道，桓魋這個人根本無法傷害他。而師生一群人在陳國斷糧時，隨從的弟子都餓病了，心志動搖了，孔子卻照樣「慷慨講誦，絃歌不衰」（《孔子家語．在厄》）。在現實無情的考驗下，他的信念依然屹立不搖，這才是真正的信念。

牢騷只是一時，很快又重整旗鼓

真正的信念也不會因他人的勸誘而動搖。孔子在僕僕風塵途中，因為時運不濟而搞得灰頭土臉時，有接輿、長沮、桀溺等好幾個隱士出面勸說他：「滔滔者天下皆是也，而誰以易之？」（〈微子〉）意思是如今天下大亂，誰也改變不了，要他與其四處碰壁受挫，不如退隱，獨善其身；但孔子都不為所動，照樣走自己的路。

當然，要說孔子在漫長且欲實現其政治抱負的追尋過程中，沒有絲毫、片刻的猶疑，恐怕也是言過其實。孔子當然猶疑過，只是在短暫的猶疑後，很快就又重整旗鼓，勇往直前。譬如他曾經感嘆：「道不行，乘桴浮於海。從我者，其由與？」（〈公冶長〉）如果他的政治主張行不通，那他就乘上木筏子到海外去，而能跟隨他的大概只有子路吧！子路聽了很高興，但孔子馬上又改口說「無所取材」（找不到做大筏的材料）。

孔子也曾表示「欲居九夷」，有人說九夷蠻荒之地太閉塞、落後了，他馬上又說：「君子居之，何陋之有？」（〈子罕〉）如果有像我這樣的人去，就不會閉塞、落後了。很顯然，這些說法很可能都只是他一時的牢騷而已，但也說不定孔子還真的想到「天涯海角」去實現他的抱負哪！

知其不可而為之

雖然說堅定的信念有助於理想的實現，但人生的一個殘酷真相是並非「信」就都能「成真」，當你發現離「成真」愈來愈遠時，面臨的則是一個更嚴酷的考驗。在孔子周遊列國後期，這樣的態勢已愈來愈明顯，但他還是繼續在宣揚他的理念，石門的守門人就說他是一個「知其不可而為之者」（〈憲問〉），而孔子對這樣的稱謂似乎也受之無愧、甘之如飴。

所謂「君子之仕也，行其義也。道之不行，已知之矣」（〈微子〉），到了後期，孔子對其政治理想的難以實現，已經了然於心，而他之所以繼續四處奔走、鍥而不捨，乃是在做自己認為應該做的事，因為這是他的信念所在，也是生命意義之所在，就像衛國的儀封人說他：「天將以夫子為木鐸。」（〈八佾〉）老天要以他做為警世的木鐸，來垂教世人。雖然到最後，他終究還是沒有實現他的理想，但他這種「知其不可而為之」的精神與信念，卻為後人留下了一個精采的典範。

千磨萬擊還堅勁，任爾東西南北風

文天祥有詞云：「世態便如翻覆雨，妾身原是分明月。」（〈滿江紅・燕子樓中〉）鄭板橋有詩云：「咬定青山不放鬆，立根原在破岩中，千磨萬擊還堅勁，任爾東西南北風。」（〈題竹石〉）在人生的旅途中，不管要追求或實現什麼，我們需要的正是這樣的信念與意志力。只要你認為你的理想是對的、是你應該追求的，那不管能不能實現，你都應該堅持，因為就像英國神學家司布真（Charles Haddon Spurgeon）所說：「小小的信念會將你的靈魂帶往天堂，大大的信念則將天堂帶給你的靈魂。」

執事敬——從尊重工作到樂在工作

有事可做，是個人生命意義與人生幸福的三大要項之一。這裡所說的「事」當然不是休閒娛樂，而是工作，也就是跟你的職業或者理想相關的工作。每個人的工作不僅不同，而且在世俗的定義裡還有高下貴賤之別；但個人的生命意義或人生幸福，跟你做什麼工作的關係其實不是很大，反而是你對自己工作的看法、還有態度，才是更關鍵的因素。

工作要符合志趣、提供尊嚴

孔子雖然也做過官，但他最主要的職業是老師，教育不只是他的工作，也是賴以謀生的方法。「自行束脩以上，吾未嘗無誨焉。」（〈述而〉）孔子既非世襲貴族，家裡更無恆產，他必須靠自己工作來換取生活所需、養家活口，對一個現代人來說，工作當然就更是一種責任。但孔子當老師，絕不只是為了換取束脩或薪水而已，而是想將學生培養成才德兼備的君子，為社會造就經世濟民的棟梁之才，就是這樣的使命感使他能「學而不厭，誨人不倦」（〈述而〉）。他在教育工作的崗位上不斷充實自己，好做個更稱職的老師；同時又熱心教學，一點也不會感到厭倦。

讓我們投入工作的最大動力不在報酬或頭銜，而在它是否能符合你的志趣，提供你成長與實現夢想的機會。在工作中，重要的不是「我能得到什麼」，而是「我將成為什麼」；如果能像孔子這般賦予自己的工作某種使命感，那就更能讓人全心投入，而且自覺能得到某種尊嚴與榮耀。

賦予工作特別的意義與價值

也許有很多人會說：「我的職業、我做的工作非常卑微，根本沒有什麼意義，更不要談什麼使命感了！」其實，沒有卑微的工作，只有卑微的看法。所有的工作，不管看起來多麼卑微，都是在對他人、社會、國家和歷史做出貢獻，譬如你在賣燒餅油條，如果你能把它們做得美味可口，讓大家吃了都很滿足，而心情愉快地去上班，工作效率變得更好，這不也就是對社會做出了貢獻嗎？讓大家吃得營養、健康又愉快，有助於社會的安和樂利，不就是你的使命感嗎？只要能對自己的工作採取肯定的看法，賦予它酬勞之外的價值和意義，那你就能從中獲得成就感、尊嚴與榮耀。

能自己從政以實現他的理想是孔子最大的抱負，但並不是很順利，有人問他「你為什麼不去從政？」孔子回答：「書云：『孝乎惟孝，友于兄弟。』施於有政，是亦為政，奚其為為政？」（〈為政〉）意思是能像《尚書》上所說把孝順、友愛推廣到家庭，能做好一家的事，這也算是從政，為什麼一定要去做官才算從政呢？不只是「齊家」等於「治國」，孔子的認真教學，為國家培養人才，其實也可算是在「從政」、在「治國」。各行各業的人都做好自己分內的工作，讓社會安和樂利、國泰民安，也都是在「治國」。

「敬業」就是要尊重、看重你的工作

孔子說：「道千乘之國，敬事而信，節用而愛人，使民以時。」（〈學而〉）「事君，敬其事而後其食。」（〈衛靈公〉）另外說：「居處恭，執事敬，與人忠。雖之夷狄，不可棄也。」（〈子路〉）「君子有九思……事思敬。」（〈季氏〉）其中的幾個「敬」字都表示，大至國君宰相，小到市井小民，不管你從事什麼行業，你都必須「敬業」——除了認真工作外，你還必須「尊重」自己的工作，把工作當做淬鍊自我、完善自我的一環；認真工作、尊重工作就是尊重自己——「修己以敬」（〈憲問〉）。

「敬業」就是要尊重、看重你的工作，不管做什麼，都全力以赴，把它做到盡善盡美。就像美國民權運動領袖金恩（Martin Luther King.Jr.）所說：「如果一個人去做清道夫，他掃街時應當有如米開朗基羅在畫畫，或貝多芬在作曲，甚至像莎士比亞在寫詩一樣。他應當一心掃街，讓天堂與人間所有的人都停下來說，這兒有一個偉大的清道夫，他把工作做得很好。」

「樂業」就是要喜歡你的工作，樂在工作

對於工作，除了「敬業」外，我們還需要「樂業」——喜歡你的工作，在工作中覺得愉快。孔子顯然很喜歡他的教學工作，不管讀書或教學，他都「發憤忘食，樂以忘憂，不知老之將至」（〈述而〉）。他熱愛教學，更熱愛學生，經常和弟子們聊天，與他們打成一片。孔子很可能是第一個舉辦「遊學團」的老師，他帶領學生周遊列國，在十四年間同甘共苦，情同手足。「二三子以我為隱乎？吾無隱乎爾。吾無行而不與二三子者，是丘也。」（〈述而〉）他對學生是無所隱瞞、無所不談；而學生也喜歡跟他抬槓，甚至說三道四；這些都再再顯示孔子在教學工作中是多麼快樂，多麼如魚得水。

孔子說：「知之者不如好之者，好之者不如樂之者。」（〈雍也〉）在工作的領域，這句話的意思是要做好工作當然必須先具備相關的知識與技術，但光是這樣還不夠，你還要喜歡這份工作；而喜歡這份工作又不如能從工作中得到快樂，樂在工作才是最理想的狀況。也許我們應該這樣說：能做自己喜歡的工作，是一種福氣；能喜歡自己所做的工作，是一種智慧；而能從工作中得到愉快，則是莫大的幸福，而它主要來自正向而樂觀的心態。

以高貴的心情從事平凡的工作

如果你夢想過要從事偉大而高貴的工作，那很可以理解；但如果你現在從事的卻只是平凡又沉

悶的工作，這也不是很奇怪；重要的是面對這種情況，你要如何自處？

如前所述，你必須賦予你的工作薪水之外的意義和使命感；然後，懷抱偉大而高貴的心情去從事看似平凡而又沉悶的工作，把手邊的工作看成是像孔子在教育弟子、周遊列國推銷政治理念，或是像愛因斯坦在醞釀他的相對論、達文西在創作他的《蒙娜麗莎》、賈伯斯在設計他的iPhone，懷著和他們相同的心情去工作，做到讓自己滿意、讓他人讚嘆、對社會有益，那就是人間一大美事與樂事，也是你的生命意義與人生幸福之所在。

自強不息——健康是最大的資產與能源

有人說健康的身體是「1」，而夢想、志業、能力、工作、財富、愛情、親情、品格、地位等則是「0」。要先有健康的身體，才能發揮你的各種想望和優點，也才能使跟在身體後面的各種東西顯出意義；如果沒有做為前導的「1」，那麼再多的夢想、能力、工作、親情、品格、地位也都依然只是「0」，或者會在瞬間化為「0」。

健康不只是我們最大的資產，更是唯一的資產：因為沒有了健康，其他資產也都將淪為夢幻空花。一個明智的生命追尋者和夢想家，必然也是一個注意自己身體健康的人。

健康與長壽讓孔子能盡情揮灑

孔子活了七十三歲，在「人生七十古來稀」的春秋時代，是屬於長壽者。他早年除了在魯國開班授徒、當過司寇等官職外，五十五歲時，又帶著若干弟子展開長達十四年的周遊列國之旅；六十八歲回到魯國後，還繼續編《書經》、刪《詩經》、作《春秋》的工作。如果沒有健康的身體，孔子不僅無法勝任這些活動，而且會使各種工作的成果大打折扣，他也就無法留下這麼多事蹟和言論，供後世的我們緬懷與借鏡。

健康與長壽，除了先天的遺傳外，更重要的是個人後天的保養。健康而長壽的孔子，在《論語》裡雖然沒有特別提到他個人如何保健養生，但從片言隻語的字裡行間，我們還是可以發現孔子的一些觀念與做法，很值得我們參考。我將它們略作整理，條述如下。

樂觀心態與正向思維是健康的基調

首先，孔子具有樂觀豁達的心態。我們在前面已經說過多次，孔子是一個「坦蕩蕩」的君子，「不逆詐，不億不信」（〈憲問〉），他不用懷疑的眼光來看待別人和世界；而對自己不如意的人生際遇，他也「不怨天，不尤人」（〈憲問〉）、「人不知而不慍」（〈學而〉）；他安貧樂道，「飯疏食，飲水，曲肱而枕之，樂亦在其中矣」（〈述而〉），為了實現理想而準備而奮鬥，甚至到了「發憤忘食，樂以忘憂，不知老之將至云爾」（〈述而〉）的地步。

根據最近的醫學研究報告，抱持積極樂觀的心態與正向思維者，罹患癌症、心臟病、中風等各種疾病的機率和死亡率，都比消極悲觀、憤世嫉俗者要來得低；平均壽命較長、身心都較為健康、生活滿意度也較高。

樂觀豁達的心態，不只可以讓我們擁有健康的身體，更能為實現理想提供不絕的動力，正是我們每個人都應該培養的健康心態。

智慧與健康、哲學與運動相得益彰

其次，孔子喜歡運動。在禮、樂、射、御、書、數「六藝」裡，射（射箭）和御（駕車）就相當於現在的體育或運動項目。孔子曾對弟子們說：「吾何執？執御乎？執射乎？吾執御矣。」（〈子罕〉）這表示孔子熟習射箭和駕車這兩個項目，而且更喜歡駕車這種活動。而「君子無所爭，必也射乎，揖讓而升，下而飲，其爭也君子」（〈八佾〉），則表示他很可能參加過射箭比賽，並稱讚當時的射箭比賽是一種君子之爭。

孔子是個人文學者、哲學家，還被尊為「聖人」，若再加上「體育健將」，似乎就顯得不太搭配，但這完全是受限於現代人的狹隘觀念：一個哲學家怎麼可能熱愛運動呢？其實，在古希臘時代，很多哲學家不僅是運動好手，而且還是當時奧林匹亞運動會上的桂冠金牌得主。譬如著有《理想國》（*Republic*）一書的柏拉圖（Plato），就是奧運會上「自由搏擊」項目的衛冕冠軍，與他名字相關的「platon」，在希臘原文裡的涵義就是「寬肩膀」。另有資料顯示，德謨克利特（Democritus）、畢達哥拉斯（Pythagoras）、亞里斯多德（Aristotle），甚至犬儒學派的第歐根尼（Diogenēs）等人，也都是當年奧運會上的選手。

智慧與健康、哲學與運動本來就沒有什麼衝突，而且還能相得益彰。健康是一種智慧，運動是一種哲學，我們應該重拾孔子和柏拉圖的愛好。

孔子的營養衛生守則

第三，孔子非常注意養生。在那個食物保鮮條件不是很理想的時代，孔子非常注意飲食衛生，「食不厭精，膾不厭細。食饐而餲，魚餒而肉敗，不食。色惡，不食。臭惡，不食。失飪，不食。不時，不食，割不正，不食。不得其醬，不食。肉雖多，不使勝食氣。惟酒無量，不及亂。沽酒市脯不食。不撤薑食，不多食。」（〈鄉黨〉）可以說是孔子個人的飲食衛生守則。

對「食不厭精，膾不厭細」向來有幾種解釋，有人認為這是在說米飯不嫌舂得精，魚和肉不嫌切得細，但不純粹是講究精緻美食，而是這樣處理比較容易消化吸收；有人則認為「厭」同「饜」，意為飽足，整句的意思是在面對精緻美食時，孔子不會縱容口腹之慾，吃得過飽；這跟後面的「不多食」、還有八佾篇的「飯疏食，飲水」才有一致性。

接下來的幾句，翻成白話是：飯發餿變味、魚軟了、肉爛了，不吃。食物的顏色變了，不吃；味道壞了，也不吃。東西煮得半生不熟、火候不對，不吃；不是當令的食物，不吃。不按規矩切割的肉，不吃；佐醬搭得不對，也不吃。肉類食品雖豐盛，但對它們的攝取還是不會超過五穀雜糧。只有喝酒屬海量，但卻能適可而止，不會出現亂性的情形。不喝市面上賣的酒，不吃市場上買的肉。吃完飯，不會丟棄薑片這種有益健康的佐料（可能含在嘴裡或泡成薑茶）；整體而言，不會吃太多吃太飽。

這些飲食守則不只符合衛生、營養均衡、只吃七分飽，而且遠離可能的黑心食品，即使時至今日，依然值得我們奉行。

生活有規律，怡情有消遣

第四，孔子的生活很有規律。孔子是個注重「禮」的人，「禮」就是規範，所以不只飲食，其他像穿著、生活作息等，孔子也都有一定的規律。

譬如「食不語，寢不言」（〈鄉黨〉），吃飯的時候專心吃飯，睡覺的時候專心睡覺，不說話、不做別的事；這看起來很容易，其實很難做到。「子之所慎：齊、戰、疾。」（〈述而〉）孔子對齋祭、打仗和疾病這三件事非常謹慎，自己生病了，一定會好好尋求治療；但有一次生病時，季康子送藥來給他，孔子在拜謝後說：「丘未達，不敢嘗。」（〈鄉黨〉）意思是說他對藥性不了解，所以不敢嘗試；這種不隨便亂吃藥的做法，在今天依然能醍醐灌頂。但他也有輕鬆、隨和、自在的一面，譬如「寢不尸，居不客」（〈鄉黨〉），睡覺不像死屍一樣挺著，家居也不像作客或接待客人時那樣莊重嚴肅。

最後，孔子也有一些怡情樂性的消遣。譬如他非常喜愛音樂，而且精通音律，曾經「在齊聞韶，三月不知肉味」（〈述而〉），而「子於是日哭，則不歌」（〈述而〉）則間接表示孔子不僅喜歡唱歌，而且除非當天去弔祭亡者哭泣過，否則每天都會唱歌。這對保持心情愉快、促進身心健康都很有幫助。

健康的身體是靈魂的起居室

從以上介紹可知，孔子的健康與長壽絕非上天的恩賜，而是來自他個人的注意與努力。當然，健康與長壽也絕非他人生的目的，而只是有助他實現理想、成就生命意義的條件。

英國哲學家培根（Francis Bacon）說：「健康的身體是靈魂的起居室（guest-chamber），生病的身體則是靈魂的監獄。」很多人仗著自己年輕力壯，為了實現夢想而焚膏油以繼晷，任意揮霍自己的身體，這其實是最得不償失的行為，因為健康一旦失去，就很難再挽回，你的夢想之路也會變得前途多艱。

即時注意健康、保持健康，才是最明智而實際的做法。

貳

在浮世裡，形塑高雅的人格

大腦的功能性核磁共振研究顯示，以同感心為基礎的「仁」乃是人類共通的本性。孔子說的沒錯：「仁遠乎哉？我欲仁，斯仁至矣。」

詩詞因遵循押韻等規範而顯得優美，「禮」就是行為的規範，如果你想成為言行舉止優雅的彬彬君子，那你就必須「有禮」。

仁是感性道德，義是理性道德，在「其父攘羊」時，孔子的「子為父隱」，讓人想起存在主義哲學家卡繆所說：「我愛正義，但在正義之前，我會為我的母親辯護。」

蘋果電腦的賈伯斯說：「專注是指必須對另外一百個好點子說不，你必須謹慎地做出選擇。」這其實就是孔子所說的「多聞闕疑，慎言其餘，則寡尤；多見闕殆，慎行其餘，則寡悔。」

仁者愛人——發揮本性，擁有理想的自我

在當今的社會裡，很多人都高呼要「做自己」，但若問「你想做什麼樣的自己？」「你心目中理想的自我是何種模樣？」多數人卻都答不出來，這表示大家只是隨便嚷嚷而已，根本沒有認真想過這個問題。

所謂「理想的自我」，並不是指容貌、穿著等外表，而是你想擁有什麼讓你自覺滿意的品性或特質？如果你想要擁有一個自覺滿意的人生，那就必須把這個問題想清楚，因為成為「理想的自我」正是你所要追尋的重要理想之一。

「仁」與生俱來，不假外求

在孔子的心目中，「理想的自我」是要成為一個君子，而君子應該具備的最基本品性是「仁」。在《論語》裡，提到最多的語彙就是「仁」，它不僅是孔子思想的核心觀念，更是他所有思想的基礎與根源。

很多人以為，孔子高呼了兩千多年，但我們所處的依然是「不仁」之人充斥的「無仁」社會，所以孔子可能陳義過高。其實，想要擁有「仁」這種品性，並不困難，更無需刻意栽培，因為「仁遠乎哉？我欲仁，斯仁至矣」（〈述而〉）。孔子認為「仁」是人與生俱來的本性之一，也就是來自孟子所說的「人饑己饑，人溺己溺」的同感心，它不假外求。

近年來，大腦科學家對人類腦部的功能性核磁共振研究顯示，我們在目睹他人受痛苦的影片，或只是聽聞對方痛苦的描述，腦部相關部位就會出現跟對方（真正受痛苦者）類似的反應，這表示對他人的痛苦或快樂，我們的確能感同身受，也就是「人饑己饑，人溺己溺」是符合科學的論述。所以，以同感心為基礎的「仁」為人之本性是千真萬確的。

從「孝弟」推廣為「愛人」

科學研究也顯示，兩個人的關係愈親近，感同身受的反應就愈強烈。父母跟兄弟姊妹是我們最親近的人，所以，孔子說「孝弟也者，其為仁之本與？」（〈學而〉）也是符合科學的說法。人人都具有的親情（對父母孝順、對兄弟姊妹友愛）就是「仁」的最初表現與根本。

如果能將這種親子與手足之情推而廣之，成了愛朋友、愛鄰人、愛同胞、愛人類……，那同樣是「仁」，而且是孔子所讚許和追求的更高形式的「仁」。這也是樊遲問仁時，孔子回答「愛人」（〈顏淵〉）的原因，因為「愛人」就是「仁」的最佳定義；「仁愛」並列成詞，也是來自這裡。

表現仁愛之心的兩種方法

那要如何對他人表現仁愛之心呢？最基本的原則還是以同感心來對待他人。消極的做法是孔子所說的「己所不欲，勿施於人」（〈顏淵〉），自己不想要的，也不要加在別人身上。除了「如果你不想被別人侮辱，那你就不要去侮辱別人」這類大家耳熟能詳的模式外，還包括「如果你討厭髒亂，那你就不要大聲喧譁、亂丟垃圾、隨地吐痰去為別人製造噪音、製造髒亂」，這類侵犯他人權益，跟「公德」相關的行為。

積極的做法則是孔子所說的「己欲立而立人，己欲達而達人」（〈雍也〉），自己想要過幸福快樂的生活，那麼就會希望別人也都能過幸福快樂的生活。這跟佛家所說的「自他不二」與「自利利他，自度度人」有很多類似的地方，正表示孔子所說的「仁」跟佛家的「慈悲」有很大的交集。

仁是諸多美德的基礎

「仁」之所以會被認為是最基本、最重要的美德，不只因為「苟志於仁矣，無惡也」（〈里仁〉），有仁心的人，很少會再做壞事；更因為有很多美好的品性或美德都來自「仁」或是「仁」的表現。譬如當樊遲再次問仁時，孔子回答：「居處恭，執事敬，與人忠。」（〈子路〉）這就是他初始答案「愛人」的衍生，當你心中有「仁」時，日常起居就會恭謹，做事會嚴肅認真，待人也會真心誠意。

而當子張問仁時，孔子之所以回答：「能行五者（恭、寬、信、敏、惠）於天下，為仁矣。」（〈陽貨〉）主要也在於他認為莊重、寬厚、誠信、勤敏、慈惠這五種德行看似風馬牛不相及，其實都來自「推己及人」的仁愛之心。其他像「仁者先難而後獲」（〈雍也〉），則是後來范仲淹「先天下之憂而憂，後天下之樂而樂」（〈岳陽樓記〉）的源頭。

如何找回迷失的仁心？

「仁」雖然說是人的本性，但卻常常受到個人私欲、情緒的蒙蔽，不僅無從發揮，而且還會讓人做出違背仁愛的種種過錯與惡事，最明顯也最多的就是因為一己的方便、放縱，而做出侵犯他人權益、有失公德的小錯小惡。即使像顏回這麼品德優秀的人，也只能「其心三月不違仁」（〈雍也〉），其他人就更等而下之了。話雖如此，但孔子還是認為「有能一日用其力於仁矣乎？我未見力不足者」（〈里仁〉），因為屬於我們本性的「仁」只是暫時迷失而已，要將它找回來其實也不是太困難的事，對此孔子建議了兩種方法。

一是他對顏回所說的「克己復禮」（〈顏淵〉）——克制自己的欲望和情緒，讓言行舉止都能合乎禮節。因為所有的禮節都是以「仁」為出發點建立起來的，你只要「非禮勿視，非禮勿聽，非禮勿言，非禮勿動」（〈顏淵〉），就能像後來禪家所說的「明心見性」，恢復你原有的仁愛之心，並進而讓它成為你行事的準則。很多人想必會認為這四個「勿」陳義過高，確實如此，但如果把它們視為一種理想境界，放在心上，一發現自己越了線，就拉回來一點，那麼久而久之，自然就能見到功效。二是像孔子對子貢所說的「居是邦也，事其大夫之賢者，友其士之仁者」（〈衛靈公〉），多多親近仁德之士，多多以他們為典範，經由觀摩他們的高尚言行，也能召喚出自己心中本有的仁心與善行。

仁者不受蒙蔽，更非濫好人

但待人以仁，也不是不問青紅皂白。宰我曾問：「仁者雖告之曰：『井有仁焉』，其從之也？」孔子回答說：「何為其然也？君子可逝也，不可陷也；可欺也，不可罔也。」（〈雍也〉）意思是說君子可能基於仁心而受騙到井邊想去救人，但不可能使自己也被陷入井中；他可能一時受騙，但不可能被不合理的事所蒙蔽。

而仁者更非濫好人，孔子說：「唯仁者能好人，能惡人。」（〈里仁〉）仁者不僅能愛人，也會討厭那些作惡多端、虛仁假義的人，因為他們的言行會傷害到多數人的生活與利益，默許、縱容他們的言行其實是「不仁」的，所以出面加以制止、糾正，才是一個真正的仁者該做的事。

讓仁得到更多的發揮

當日子平順時，多數人都能發揮他們的仁愛之心，但真正考驗我們的是能持續多久？特別是在危急與困頓的時刻？「君子無終食之間違仁，造次必於是，顛沛必於是。」（〈里仁〉）孔子希望我們做個君子，不管在任何環境中，都要時時刻刻以仁為念，不能稍有違背。這也許是太過理想的要求，但既然「仁」是我們原本具有的良好天性，那麼經過自覺的努力，我們就可以讓它得到更多的發揮。而當你表現出更多的仁，你也會對自己更滿意，因為你聽從自己的本性，而有了一個更理想的自我。

齊之以禮——讓情緒與行為顯得優雅合宜

如果能選擇，你是要做個「粗魯無禮」的癟三，或是「彬彬有禮」的紳士？相信所有正常人都希望自己能成為彬彬有禮的紳士。這除了表示我們每個人其實都希望做個正面人物、能有正向人生外，也在告訴我們，癟三與紳士的差別就在於是否有「禮」。

每個文化都各有其「禮」。但不管古今中外，「禮」不外下面兩大內涵：一是指行為儀式，譬如婚禮與喪禮，它們依固定的程序來進行一組儀式化的行為，目的是想讓我們適當地表達、發抒喜怒哀樂等情緒，同時強化傳統的宇宙觀、人生觀、家庭觀、道德觀。二是指行為規範，譬如餐桌禮儀、搭乘大眾運輸工具的禮節，它們也都有一些必須遵守的規定，用意在於增進人與人間的和諧，同時也使個人的行為顯得較為優雅。

「仁」是素底，「禮」則是加上的五彩

孔子非常重視「禮」，曾說：「不學禮，無以立。」（〈季氏〉）如果說「仁」代表內在的情操，那

麼「禮」就是它外顯的形式。孔子曾以「繪事後素」(〈八佾〉)來形容兩者的關係:「仁」就好像先有的素底,而「禮」則是後來加上的五彩,各種儀式和行為規範就是要讓我們以適當而優雅的方式來呈現內在情操。一個人在母親死後,光在那裡捶胸頓足,用嘴巴說自己多麼悲傷是不夠也不恰當的,他必須在約定俗成的喪禮儀式下發抒他哀傷的情緒。而想做一個君子(紳士),除了「博學於文」,還要「約之以禮」(〈雍也〉),才能有優雅的言談舉止、適當的為人處世之道。

各種看似不錯的品性,如果缺乏規範、缺乏修飾,也會顯得粗糙,甚至產生負面效果,所謂「恭而無禮則勞,慎而無禮則葸,勇而無禮則亂,直而無禮則絞」(〈泰伯〉),若只知恭敬、謹慎、勇猛、直爽,而不以禮來指導,那就會變得煩擾徒勞、畏縮拘謹、魯莽作亂、急切責人。

孔子知禮、守禮而且護禮

孔子是個知禮、講禮而且守禮的君子。「齊,必有明衣,布。齊,必變食,居必遷坐。」(〈鄉黨〉)孔子在齋戒沐浴時,一定要有浴衣,而且是用布做的;齋戒期間,一定改變平常的飲食,居住也一定要搬移地方(不與妻子同房)。「疾,君視之,東首,加朝服,拖紳。」(〈鄉黨〉)生病時,國君來探問,他便頭朝東邊躺著,身上蓋上朝服,拖著大帶子。「升車,必正立執綏。車中,不內顧,不疾言,不親指。」(〈鄉黨〉)上車時,一定先直立站好,然後拉著扶手帶上車。在車上,不回頭、不高聲說話、不用手指指點點。像這些齋禮、君臣之禮、搭車禮儀等，孔子不僅知之甚詳，而且身體力行。

《論語》裡有一則記載：「孺悲欲見孔子，孔子辭以疾。將命者出戶，取瑟而歌，使之聞之。」（〈陽貨〉）孺悲要來拜見孔子，孔子卻以生病為由拒見。傳話人剛出門，他又拿出瑟邊彈弦樂器邊唱，有意讓孺悲聽到。這擺明了讓孺悲吃閉門羹是故意的，而且還要讓他感到難堪！孔子為什麼要這樣做呢？《論語》沒有交代，原來是魯哀公派孺悲去向孔子請教士喪禮，照當時的禮儀，晚輩初次去見年高德劭的長輩，一定要有介紹人居間牽線溝通，但孺悲卻直接自行登門求見，而且是要請教與禮有關的事。孔子拒見而且故意讓孺悲知道，就是要告訴他「你失禮了！」孔子看似不禮貌的行徑，其實是在「護禮」。

內心的情感重於外在的形式

一個人是否有禮、懂禮、合禮，是我們衡量他人品的重要指標，但這絕不是說愈多禮就表示愈有人品。孔子提醒我們，太多禮、太過遵守禮節，有時反而會被認為是諂媚，甚至虛偽，他說：「事君盡禮，人以為諂也。」（〈八佾〉）其間的拿捏全憑個人心意，孔子給我們的建議是：「禮，與其奢也，寧儉；喪，與其易也，寧戚。」（〈八佾〉）意思是禮節儀式與其奢侈，不如節儉；辦喪事時，與其治辦周備，不如內心真正哀傷。

由此可知，孔子認為禮在形式上與其超過，不如不及；而且內心的情感又重於外在的形式。所謂「禮云禮云，玉帛云乎哉？樂云樂云，鐘鼓云乎哉？」（〈陽貨〉）玉帛那些禮品並不代表禮，鐘鼓那些樂器也並不等於樂，而且說「人而不仁，如禮何？人而不仁，如樂何？」（〈八佾〉）如果心中無「仁」，那再多的「禮」也只是虛偽的空殼。

禮之用，和為貴

「禮」最受人批評的地方是繁文縟節，譬如古代的喪禮不僅繁瑣，子女還必須為父母守「三年之喪」。宰我就曾經向孔子抱怨這樣太久，不只「君子三年不為禮，禮必壞；三年不為樂，樂必崩」（〈陽貨〉），其他大部分的正經事也都不能做，所以主張一年就夠了。孔子雖然直指宰我「不仁」，但也只能無奈地說：「今女，則為之！」（〈陽貨〉）時至今日，不要說守喪一年，連一個月，甚至一個禮拜也都讓多數人感到為難。如果甚麼都要堅持古禮，那不僅跟自己過不去，更是跟大家過不去。

其實，什麼才合乎「禮」？也要看時間和場合。《孔子家語》有則記載，子路問孔子：「魯國有位大夫，在父母周年祭時，還拿著哭喪棒。這樣做合於禮嗎？」孔子回答：「我不知道。」子路對老師居然也會「有所不知」感到詫異；其實，孔子當然知道那位大夫這樣做不合乎禮，但因為禮也規定：不可以非議你所在國家的大夫。孔子說「不知道」就是「不非議」，正表示他的「知禮守禮」。

孔子的弟子有子就曾說：「禮之用，和為貴。」（〈學而〉）如果為了堅持某種禮而讓彼此傷了和氣，那就失去知禮、守禮的用意。

可以改變，但也必須有所堅持

社會不斷在演變，「禮」勢必也會跟著演變，關鍵在於怎麼變？孔子雖然對春秋時代的「禮樂崩壞」深感痛心，但他也不是頑固的保守派，非要恢復古禮不可。從「麻冕，禮也；今也純，儉，吾從眾。拜下，禮也；今拜乎上，泰也。雖違眾，吾從下」（〈子罕〉）這段話可知，他贊同用比較節省的黑綢帽來代替以前用麻織的禮帽此一變革；卻反對臣子面君時直接到堂上跪拜而非堂下跪拜的做法，因為這破壞了君臣間應有的分際和禮節，而這也是他對魯國大夫季孫氏僭用天子禮節以「八佾舞於庭」感到憤怒，因而直呼「是可忍，孰不可忍也！」（〈八佾〉）「君君，臣臣」（〈顏淵〉）的禮節是他必須堅持的原則問題。

這跟孔子不非議那位在父母周年祭時還拿哭喪棒的魯國大夫，似乎有點矛盾，但卻也可以看出孔子在意的是什麼。所謂「知和而和，不以禮節之，亦不可行也」（〈學而〉），如果為了社會和諧，就把重要的禮節全都拋到九霄雲外，那也行不通。

重要的不是禮的表象，而是禮的精神

時代不同了，孔子堅持的那些「禮」有很多都過時了，但就像當子貢提出想去掉每月初一告祭祖廟用的活羊時，孔子回答他：「賜也！爾愛其羊，我愛其禮。」（〈八佾〉）重要的不是禮的表象，而是禮的精神。禮的優雅就好像詩歌的優雅，它們會隨時間變化，詩歌從古代的《詩經》演變成秦漢的樂府、唐朝的詩、宋朝的詞乃至近代的白話詩、新詩，形式不一，但為了讓人覺得優雅，都必須有某些像「禮」一般的規範（譬如押韻）。

如果你想做個彬彬紳士，希望你的行為和情緒表達都能既優雅又合理，讓別人尊重，也讓自己舒坦，那麼你對某些儀式和行為規範就必須有所堅持，也就是你必須「愛禮」且「有禮」。至於在形式上，你對傳統的禮儀想保存什麼、放棄什麼或改變什麼，那看你重視的是什麼，又想透過「禮」表達什麼而定。

義之以比——讓你俯仰無愧的價值判斷

人生在世，即使不能頂天立地，最少也希望能做個俯仰無愧的人。的確，這也是一般人該有的理想。而想俯仰無愧，就在於做人做事都能心安理得，特別是在面臨一些人生的抉擇時，自己選擇的是自覺在道德上應該做、必須做的事，也就是能符合「義」這種美德。

「義」是以價值判斷為主的理性道德

孔子說：「君子之於天下也，無適也，無莫也，義之與比。」（〈里仁〉）人世間的一切事情，沒有一定非如何不可，也沒有一定不能怎麼做，而是要看是否符合「義」。換句話說，「義」才是我們判斷的依據，行為最後的依歸。但什麼叫做「義」呢？《釋名》說：「義，宜也。裁製事物，使各宜也。」所謂「義」就是適宜、合理、公正，能符合個人信念及社會多數人福祉的觀念與行為。

如果說「仁」是以情感為主的感性道德，有先天的色彩；那麼「義」就是以價值判斷為主的理性道德，主要來自後天的認知。孔子談仁談得比較多，他說：「仁者，義之本也；義者，仁之節也。」

（《禮記》）仁是義的根本，義則是仁在不同狀況下的合宜表現。而孟子則是談義談得比仁來得多，他說：「仁，人心也。義，人路也。」（《孟子・告子》）這個路指的就是合理、正確的道路。從兩位儒家代表人物的談論可以清楚看出「仁」與「義」的先後與相互關係。

無需「捨生取義」，只要「小公小義」

所謂「人不學，不知義」（《禮記》），「義」主要來自後天的學習，學習什麼才是正當、合宜的行為。我們在前面談到「仁」時，曾提及「己所不欲，勿施於人」跟「公德」的關係，其實，符合社會多數人福祉的「公德」跟「義」的關係更密切，但中國人過去對良好人際關係的探討，卻只著重於「五倫」，也就是：「父子有親，夫婦有別，君臣有義，長幼有序，朋友有信。」嚴重忽略了「群己關係」，特別是對生活周遭與自己非親非故的陌生人之間「義」的探討與學習，結果就往往為了自己與親人的利益，而侵犯到他人權益或社會整體利益。這主要是觀念與學習的問題，其實，身為一個現代人，要學的不是什麼「捨生取義」這樣的大道理，如果能從不汙染環境、不破壞公物這些「小公小義」做起，就可以是個俯仰無愧的好「公民」。

但即使知道什麼是「義」，真正做到的人卻也不多，連孔子都說：「聞義不能徙……是吾憂也。」（〈述而〉）他憂慮在知道「義」的道理後，卻不能改善自己的行為，符合「義」的要求。這主要有兩個原因，以下說明之。

要將公義置於私利之上

一是個人的私「利」經常與社會公「義」發生衝突。在這個時候，多數人都為了滿足個人的私欲與利益而犧牲了應該有的公平正義，孔子特別提醒我們：「君子喻於義，小人喻於利。」（〈里仁〉）君子和小人的差別就在於他們關注的是什麼，想要做個俯仰無愧、有德的君子，就應該「見利思義」（〈憲問〉）、「見得思義」（〈季氏〉）、「義以為上」（〈陽貨〉），要將公義置於私利之上。

但這也不是說君子就必須將個人的私欲與利益都拋諸腦後，而是「富與貴，是人之所欲也，不以其道得之，不處也」（〈里仁〉）、「不義而富且貴，於我如浮雲」（〈述而〉）、「義然後取，人不厭其取」（〈憲問〉），你得到的是你應得的，那不僅自己能心安理得，別人也不會說話。如果你什麼都以個人利益優先，那就會「放於利而行，多怨」（〈里仁〉），招致愈來愈多的怨恨，到最後得不償失。

「義」與「勇」的關聯性

二是雖然明知這是應該做的事，但卻瞻前顧後，不敢去做，也就是「見義」卻不能「勇為」。孔子特別提醒我們：「見義不為，無勇也。」（〈為政〉）要想發揮「義」這種美德，還需要具備「勇」

這種美德。有了「勇」，才能讓人「義無反顧」，全心全意去實現自己認為在道義上應該做、必須做的事。

但另一方面，「勇」也要受到「義」的引導與節制，也就是孔子所說的：「君子有勇而無義為亂，小人有勇而無義為盜。」（〈陽貨〉）在上位的人如果有勇無義，就會作亂；而一般老百姓若有勇無義，就會淪為強盜。

這也表示很多美德看似各自獨立，其實都是彼此關聯、相輔相成的，「義勇兼備」才是更加理想的品德型態。

追求社會的公平正義

除了個人應具備義之美德外，建立一個公平正義的社會也是我們應該追求的目標。缺乏社會考量的「義」，其實也就失去了它的意義，孔子說：「丘也聞有國有家者，不患寡而患不均，不患貧而患不安。蓋均無貧，和無寡，安無傾。」（〈季氏〉）如果大家的經濟利得能夠公平均等，人心自然安定，即使貧窮和人口稀少也都不成問題，這就是社會正義。但所謂公平均等，不是在結果上的齊頭式平等，而是在出發點與機會上的平等，同時對弱勢族群給予特別的照顧，那才是真正的「公平正義」。

不管是國家機器或公司的營運，也要符合公義原則，就像孔子稱讚鄭國的子產「使民以義」（〈公冶長〉），這樣才能讓大家口服心服。在古代，一介平民要想實現公義社會的理想，幾乎只有從政一途，所以子路會說「不仕無義」（〈微子〉），有德之士出來從政當官，為民服務，是在做應該做的事。當然，今天要想讓社會變得更公平正義，有很多途徑、很多事都可以做，但不管做什麼，都應該以追求多數人的公平正義為念。

你不聽從，它的呼喚就不會停止

總之，「義」是在「仁」之後才出現的品德，它來自理性的價值判斷，驅使我們行事能符合自己的信念和多數人的福祉。如果想要做個俯仰無愧的人，那你就必須聽從內心理性道德的召喚，有時候，它的聲音很高亢，會讓你熱血沸騰地勇往直前，去實現它；有時候，它的聲音很微弱，讓你躊躇不前或置若罔聞，但如果你不聽從，它的呼喚就不會停止。

誠信為上——忠於別人，也忠於自己

有人說：「誠信是一張最好的名片，也是一把高貴的鑰匙。」如果你是一個真誠守信的人，那麼很多人不僅會對你產生美好的印象，張開雙臂歡迎你；而且會敞開胸懷，真心與你交往，樂於和你合作共事；你的人生將因此而更加豐富，甚至產生奇妙的轉折。誠信，也是「理想自我」應該具備的一項美德、一個目標。

「信」與「義」與「忠」的關係

「信」也是孔子非常重視的德行之一，他說：「人而無信，不知其可也！大車無輗，小車無軏，其何以行之哉？」（〈為政〉）人如果沒有信用，就好像車子沒有車軸根本無法走動，難以立身處世；而你信用愈好，「車子」的運轉就會愈平穩順暢。「信」的確是讓人際關係運行順暢的輪軸，如果大家說話不算話，將約定的事視同兒戲，那人與人根本就難以繼續交往，事情也無法推動。從這個角度來看，「信」其實也是一種「義」——符合個人信念及社會多數人福祉的行為，「信義」的運用，顯然就來自這層關係。

在《論語》裡，「忠信」也經常連用，譬如「主忠信，徙義，崇德也」（〈顏淵〉）、「言忠信，行篤敬，雖蠻貊之邦，行矣」（〈衛靈公〉），這裡的忠是盡己、盡心之意，而守信則是忠於別人、更忠於自己。

「信」與「仁」與「誠」的關係

從另一個角度來看，「信」也是孔子所說一個「仁」者應有的五種行為之一（恭、寬、信、敏、惠）。因為仁的核心要義是「己所不欲，勿施於人」，如果你不喜歡人家對你不守信，那你也不應該失信於人。

另外，「誠信」也經常連用，一個內心真誠的人，必然也會言而有信；對人守信用，就是對人真誠的表現。這些都再再顯示，很多德行都不是孤立存在的，它們彼此相因相成，只是在不同的場合有不同的強調。

誠信，不只是人與人交往時應有的態度，你如果能待人誠信，且持之以恆，那麼在得到人家的欣賞和信賴後，所謂「信則人任焉」（〈陽貨〉），若遇到好的工作或任務，人家就會主動提供機會給你、倚仗你、委任你，而你就可能因此得到更多發揮能力和施展抱負的空間，從誠信中受益。

誠信對主事者的重要性

孔子還說：「上好信，則民莫敢不用情。」（〈子路〉）不管你是當國君、老闆或主管，如果你能真誠守信，那麼百姓、員工或下屬就會以真情待你，與你同心協力，這樣就更能推行你的計畫、完成你的工作。

孔子的得意門生子夏也說：「君子信而後勞其民；未信，則以為厲己也。信而後諫；未信，則以為謗己也。」（〈子張〉）在上位的必須先取得下屬的信任後再去差遣他們，否則下屬會以為那是在虐待他們；而下屬也要先取得上司的信任後，才去規勸上司，否則上司會以為你是在誹謗他。

因為誠信對主事者是如此重要，所以當子貢問在「足食」、「足兵」、「民信之」執政這三要件中，不得已而必須有所犧牲時，其先後順序為何？孔子回答最先要犧牲的是軍備，其次是糧食，最後才是信用。很多人認為孔子這樣說是迂腐而矯情，譬如東漢王充在《論衡．問孔》裡就說：「去食存信，雖欲為信，信不立矣。」其實，孔子說的「去食」並非沒飯吃，而是吃不飽；大家吃得飽飽的，但各個背信忘義，可能更痛苦。孔子的意思是在強調「民無信不立」（〈顏淵〉），失去人民信任的政府根本無立足之地，也完全失去意義。

信近於義，言可復也

「信」跟其他德行相較，最大的不同點是它「難得易失」，你一點一滴、經長期累積而建立起來的信用，很可能因一次的失信而前功盡棄，再也無法讓人相信。所以，要如何不失信於人，就成了最基本的功課，而最好的方法則在於預先防範，就像老子所說：「輕諾必寡信。」（《道德經》）孔子也說：「言之不出，恥躬之不逮也。」（〈里仁〉）不要輕易做出承諾，因為這樣不僅會因為說到做不到而失信於人；即使勉強做了，也是心不甘情不願。所謂「人言為信」，你的信用是建立在你說話是否算數上頭，釜底抽薪之計是不要隨便說大話，要以日後做不到為「恥」，這樣自然就不會失信於人。

其次，要「信近於義，言可復也」（〈學而〉），與他人的信約必須合於義理，這樣約言才可以實踐，也才有實踐的意義。譬如你在喝醉酒的情況下，拍胸脯答應人家要替他關說，但在酒醒後覺得這不是自己應該做的事，那你就很難實踐諾言，這時守信反而成了「不義」的行為。又譬如你跟人家做生意，約定交貨付款方式，對方延遲付款，但反過來卻要求你「信守承諾」繼續出貨，你當然可以拒絕，因為是對方違反約定，不義在先。所以要承諾人家與信守承諾，一定要先考慮是否合於義理，如此有信又有義，才能功德圓滿。

紅頂商人胡雪巖的啟示

商人做生意特別要講究誠信。「信近於義，言可復也」（〈學而〉）的觀點，讓人想起清末的紅頂商人胡雪巖。胡雪巖除了做糧食、軍火等買賣外，還在杭州開了一家胡慶餘堂的中藥店。藥堂裡掛著他手書的店訓——「戒欺」大匾。「戒欺」跟「誠信」不太一樣，嚴格說來，真正的「誠信」是不管對方如何待你，你都要信守你原先答應的承諾，但這樣就容易變成「愚信」，淪為被對方利用的弱點。而「戒欺」則是我不欺騙你，你也不欺騙我，那麼彼此就禮尚往來，「誠信」相待；但如果我不欺騙你，而你卻欺騙我，那你也不會有好下場。這也是我們在談「誠信」時，應該引以為戒的。

孔子告訴我們，一個守信的人，必然也是真誠的，因為守信就是他真誠的表現；一個守信的人，必然也是忠心的，因為守信就表示他忠於自己、也忠於別人。你若希望你想追尋的人生是可以信賴的，那你就必須先做個可以信賴的人。

勇者不懼——人生不再是空談與泡影

不管你要前往何方，你都必須先告別熟悉的地方，而若你想去的地方又充滿了未知，這個時候，你最需要的就是勇氣，因為勇氣是「告別熟悉，邁向未知」的力量。勇氣，在中國被認為是三達德（智、仁、勇）之一，在古希臘亦被列為四主德（智慧、公正、勇敢和節制）之一，而在當代的正向心理學裡，則被認為是僅次於智慧與知識的第二項美德。

英國首相邱吉爾（Winston Churchill）更說：「勇氣很有理由被當做人類德性之首。」因為你要先有勇氣，才敢於表現你在才智方面的優點；而在面臨挑戰時，要維持其他德性，更需要勇氣。缺乏勇氣，你的人生很容易流於空談，而你的生命追尋也只是泡影。

真正的勇氣來自精神而非肉體

但不管將勇氣排在德性的哪個位階，古今中外的思想家都認為，勇氣指的並非肉體的力量，而是精神與靈魂的力量。在孔子的學生中，子路身強體壯，很有力氣，並因此而洋洋自得。有一次他意有所指地問孔子：「子行三軍，則誰與？」如果老師要當三軍統帥，那會選擇誰作伴呢？子路以為孔子會選他，想不到孔子卻回答：「暴虎馮河，死而無悔者，吾不與也。」（〈述而〉）孔子說他不喜歡赤手空拳去和老虎搏鬥或是徒步涉水過河，死了都不後悔的人。這除了暗指子路就是這種人外，更表示孔子對肉體之勇的評價很低，因為它經常會淪為「蠻勇」，只是一時衝動下的魯莽行為。

很多被認為勇敢的行為其實都只是肉體與血氣之勇，譬如「一朝之忿，忘其身，以及其親」（〈顏淵〉），孔子不僅認為這種匹夫之勇一點也不值得鼓勵，而且應該加以譴責。

由仁義等德行激發出的勇氣

孔子稱許的是精神上與道德上的勇氣，而它們通常都是由其他德性所激發。他說：「仁者必有勇，勇者不必有仁。」（〈憲問〉）又說：「見義不為，無勇也。」（〈為政〉）一個真正具有仁義德性的人，自然會形成一股內在的精神力量，為其所應為。反之，如果一個人在面臨考驗時，卻沒有勇氣去做他應該做的事，那麼他自以為是的「仁」與「義」就都只是虛偽、不能當真的。

譬如孔子在剛當上魯國司寇七天，就誅殺大夫少正卯，子貢問他是否做得太過分？孔子說少正卯：「一曰心逆而險，二曰行僻而堅，三曰言偽而辯，四曰記醜而博，五曰順非而澤。」（《孔子家語‧始誅》）是亂政的奸雄，他憂心忡忡，所以他要為國除害，而不忌諱可能遭受的批評和反對。

這種勇氣，顯然就是來自仁義的召喚，就像莎士比亞所說：「有德必有勇，正直的人絕不膽怯。」

勇氣必須受其他德性的規範

不僅仁義會激發勇氣，勇氣也必須受到其他德性的規範。所謂「勇而無禮則亂」（〈泰伯〉）、「君子有勇而無義為亂；小人有勇而無義為盜」（〈陽貨〉），在朝為官者如果空有勇氣而不講仁義，不顧君臣之禮，就會成為犯上作亂的奸雄；一般老百姓有勇而不仁不義，就會淪為作奸犯科的強梁。

在《論語》裡，孔子特別稱許「卞莊子之勇」（〈憲問〉）。這位卞莊子是魯國一位著名的勇士，能夠獨力與老虎格鬥，而他也是個孝子。母親在世時，他隨軍作戰，三戰三敗，朋友看不起他，國君羞辱他，但他都默默接受責難，面不改色。等到母親死後三年，魯國興師討伐齊國，他請求參戰，對將軍說：「前猶與母處，是以戰而北也，辱吾身。今母沒矣，請塞責。」（《韓詩外傳》）結果三戰三獲敵人甲首，大雪昔日敗北之恥，最後又衝殺七十人而告陣亡。

孔子嘉許卞莊子，因為母親在世時，他以「孝」這個更高的德性來約束他的「勇」，等到母死守喪三年後，他又以「勇」來一雪以前所受的「恥」，最後殺身以成「仁」。這也是孔子對「勇」的真正看法：只有將它納入其他德性的脈絡裡，它才能成為一種德性。

「勇者不懼」的真正含義

在智、仁、勇三達德並舉時，孔子說：「勇者不懼。」（〈子罕〉）這個「不懼」並非什麼都不怕，毫無恐懼，而是當事者在面臨危險情境時，有比恐懼感更為強大的正向情緒，而使他能臨危不亂，泰然處之。孔子如下的經歷就是一個最好的例子：

當他經過宋國時，宋國司馬桓魋知道了，帶兵要去找他麻煩，當時孔子正與弟子們在大樹下演習周禮的儀式，桓魋砍倒大樹，而且要殺孔子；他在學生保護下匆匆離開，弟子們一再催促「快點！快點！」但孔子卻淡定地說：「天生德於予，桓魋其如予何？」（〈述而〉）意思是他相信上天賦予他神聖的使命，也使他具備實現使命的堅定信念與勇氣，所以桓魋就沒什麼好怕的！有人說孔子只是藉這些說辭來「壯膽」，但我們也必須承認，堅定的信念的確能讓人克服恐懼，而成為精神上與道德上的「勇者」。

「不敢」會讓你失去整個自我

要如何成為一個不懼的勇者？基本上還是要從個人的修養方面下工夫。所謂「君子坦蕩蕩，小人長戚戚」（〈述而〉），如果你是一個光明磊落、問心無愧的君子，那你做事就不會畏首畏尾。那要如何能夠問心無愧呢？就必須經常自我反省，孔子說：「內省不疚，夫何憂何懼？」（〈顏淵〉）如果你立身處世都符合道德的要求，內心自然就會有一股浩然之氣，表現於外就成了不憂不懼的勇者。

丹麥哲學家齊克果（Søren Kierkegaard）說：「勇敢可能讓人暫時失去立足點，但不敢則會失去整個自我。」所以，不要怪別人不了解你的優點，要怪只能怪你自己像隻害羞的綿羊怯於表現；不要怪你離你的夢想愈來愈遠，要怪只能怪你像隻縮頭烏龜不敢放手去做。身為一個現代人，你不只需要有精神上與道德上的勇氣，更需要有勇於表達自己、告別熟悉與因循、敢於嘗試、不怕別人的批評與反對、為自己人生開創新局的勇氣，因為勇氣是讓所有其他優點攀爬的階梯。

道德兩難——理性與感性的衝突及抉擇

人有感性，也有理性；如果可能，每個人都希望自己是既感性又理性。道德也有感性與理性之分，「仁」就是感性道德，而「義」則是理性道德；如果可能，誰不希望做個「有仁有義」的人呢？但就像感性與理性經常發生衝突般，「仁」與「義」還有其他德行，也經常讓人陷入道德兩難中，它其實也是我們在生命旅途中經常會遇到的問題。

葉公與孔子對「直」的不同觀點

《論語》裡提到一件事。楚國的葉公對孔子誇耀：「吾黨有直躬者，其父攘羊而子證之。」孔子回答：「吾黨之直者異於是：父為子隱，子為父隱，直在其中矣。」（〈子路〉）父親偷了人家的羊，兒子出面舉發，葉公認為這樣的人真是「正直」，因為他關注的是社會正義，不被私情所拘束，是所謂的「大義滅親」。但孔子卻不以為然，他認為在發生這類事情時，父親替兒子隱瞞，兒子替父親隱瞞，「正直」的道理方在其中。

很多人因為孔子的這番說法而認為他「徇私」、「是非不明」、「虛偽」。其實，所謂「隱瞞」只是「不說」，不主動舉發或作證而已，並非說謊、欺騙；孔子之所以會主張「隱瞞」，因為若主動去舉發或作證，雖然能博得「大義滅親」的美名，但卻傷害了他更重視的一種美德「孝」（「仁」的表現）。在權衡輕重後，他選擇了「孝」，而放棄了「義」；但這是他在道德兩難中的抉擇，因為他認為「孝」比「義」重要，也更有意義。

父親殺了人，舜該怎麼辦？

類似的兩難和抉擇也出現在孟子身上。在《孟子．盡心篇》裡，孟子的弟子桃應提出一個問題：「舜是天子，皋陶是法官，如果舜的父親瞽瞍殺了人，那該怎麼辦？」孟子回答：「把他捉起來就是了。」桃應問：「舜不阻止嗎？」孟子回答：「舜怎麼去阻止呢？皋陶是依法辦事。」桃應又問：「那舜該怎麼辦？」孟子回答：「舜把拋棄天下看得如同丟棄破草鞋一樣。他應該會偷偷地背著父親逃跑，在海邊住下來，高高興興地陪父親過一輩子，忘了天下。」

孟子雖然高舉「義」理，但從這段對話可知，在道德的兩難中，孟子還是認為舜（包括他自己）應該「存孝」而「捨義」；當然這是「不義」的選擇，所以舜必須放棄王位，不能再繼續當天下的共主，因為他在這方面有了道德瑕疵。從孔子和孟子在類似的道德兩難中的同樣抉擇可以看出，早期儒家是認為「仁」比「義」更重要也更有價值。

感性道德與理性道德的爭論

哈佛大學的柯爾柏格（Lawrence Kohlberg）是鑽研道德抉擇的心理學家，他認為理性道德是比感性道德更高層次的道德，在兩難中，選擇理性道德才是更明智、更符合多數人與長遠利益的決定。譬如在前述的道德兩難中，兒子應該去舉發偷羊的父親，而舜不僅不能干涉司法，當皐陶若將他父親瞽瞍判死刑，舜還應該嘉許皐陶。從這個角度來看，孔子和孟子的觀點不僅偏向感性道德，而且還涉及私人因素，也難怪會被批評，有人甚至將中國人只顧親情、罔顧法律的習性算到他們頭上。

但所謂「理性道德高於感性道德」，其實只是某些人的看法，有人問法國存在主義哲學家、人道主義者卡繆（Albert Camus），如果他母親犯了罪，那麼在正義與他母親之間，他將選擇何者？卡繆回答：「我愛正義，但在正義之前，我會為我母親辯護。」意思是如果「正義」與「母親」不可兼得，那他會選擇母親。而身為白人總統，但卻主張解放黑奴、並為此而戰的美國總統林肯更說：「我發現慈悲總是比嚴格的正義能帶來更豐碩的果實。」他的解放黑奴是來自正義感（理性）或慈悲心（感性），或兩者兼而有之？而又以何者的比重較多？那恐怕只有林肯自己知道。

要高舉「公平正義」的大旗，要求別人「捨生取義」、「大義滅親」很簡單，問題是提出這種要求的人自己做了多少？在面臨理性道德與感性道德的兩難時，你要做個不受人惑的智者，要聽從自己內在的「良知」。

尾生抱柱而死是不值得稱道的「小信」？

「誠信」是另一個更常讓人陷入兩難的問題。孔子雖然強調「言忠信，行篤敬」（〈衛靈公〉），但卻又說：「言必信，行必果，硜硜然小人哉！」（〈子路〉）意思是不管說什麼話，說到就一定做到的，只是固執的小人物！這讓人覺得孔子的「信」似乎沒什麼標準；其實我們在前面已經說過，孔子認為要符合「義」的「信」才有意義（信近於義，言可復也），也才是我們必須信守的承諾。

譬如古代有一位尾生，他和女子相約在橋下相見。但女子卻失信沒有來，反而是大水來了，尾生為了信守約定而不忍離去，結果竟抱著橋柱而死。很多人將它視為一個可歌可泣的愛情悲劇，認為尾生是個可以信賴、依靠的好男人；但他卻很可能就是孔子所說的「硜硜然小人哉」。「守信」與「求生」雖然是道德兩難，但如果選擇「求生」其實也無可厚非，因為尾生要守的只是「小信」，更何況女子「失信」在先，尾生這樣的「言必信」其實沒什麼意義，反而喪失了自己寶貴的性命，一點也不值得稱道。

「誠實」與「救人一命」，何者重要？

誠實也一樣。我們對人當然要誠實，但如果有個被仇人追殺的朋友躲到你家來，不久，他的仇人拿刀來到你家，怒氣沖沖地問你朋友是否逃到你家來？如果你據實以告，那你的朋友很可能會因此死於非命，這時你要選擇「誠實」或「說謊」？很多人會覺得這個時候選擇「說謊」（騙說朋友沒來這裡）反而是「對」的，因為「救人一命」比「誠實」具有更大與更高的價值。

有時候我們為了避免更大的傷害，而不得不說些「善意的謊言」；但有些人（譬如強調理性的哲學家康德）卻認為即使是「善意的謊言」也是「不道德」的，誠實就是誠實，沒有討價還價的餘地。因為如果「道德」需視情況而定，那所謂「公理」、「正義」就會失去它們的根基。這樣的堅持，當然也有其道理。但卻讓人想起這句名言：「瘋狂有兩種：一是失去理性；一是除了理性外，什麼都失去。」要求「絕對理性」，其實是一種更可怕的瘋狂。

要聽從自己的價值判斷

前面說過，管仲是孔子人生的第二個典範。子貢問孔子：「管仲非仁者與？桓公殺公子糾，不能死，又相之。」（〈憲問〉）齊桓公殺了管仲侍奉的公子糾，管仲不能為主盡忠而死，卻反而成了齊桓公的宰相，這顯然違背了孔子所說的「志士仁人，無求生以害仁，有殺身以成仁」（〈衛靈公〉），所以子貢會認為管仲「不仁」，但孔子卻說：「管仲相桓公，霸諸侯，一匡天下，民到于今受其賜。微管仲，吾其被髮左衽矣。豈若匹夫匹婦之為諒也，自經於溝瀆，而莫之知也。」（〈憲問〉）孔子認為管仲如果為求盡忠而「殺身以成仁」，那只是一般小老百姓的見識；怎麼比得上他輔佐齊桓公稱霸諸侯，一匡天下，讓華夏免於夷狄的統治更有價值呢？由此可知，在面臨道德的兩難時，孔子也沒有要求大家對「仁」與「義」不能有任何的違背，在魚與熊掌不可兼得的情況下，以價值判斷為依歸才是最明智的抉擇。

人生的真相是「此事古難全」，沒有十全十美的人，也沒有十全十美的道德。孔子的意思似乎在告訴我們，沒有什麼是「絕對」的，感性不一定好，理性也不一定對，重要的是在面臨兩難時，你要聽從自己的「良知」，依自己的價值判斷去做抉擇。

謹言慎行——小心才能成就完美的大事

在當今社會，當我們說一個人「謹言慎行」時，除了有肯定與讚美之意外，似乎也在暗示他「保守畏事、格局不大」。但這其實是一種非常草率的聯想，眾所周知，蘋果電腦的賈伯斯是一個勇於冒險、樂於創新的領導者，而他也是個完美主義者，完美通常意味著謹慎，他在接受《財星》雜誌（*Fortune*）專訪時就說：「人們以為專注的意思就是對你關注的事物照單全收。專注是指必須對另外一百個好點子說不，你必須謹慎地做出選擇。」在這個把魯莽草率當做「腦筋動得快」的時代裡，我們有必要再度強調「謹慎」這種人格優點。

以「多聞」與「多見」為前提的謹慎

孔子是一個謹言慎行，而且賦予它高度價值的人。但後人大多誤解了孔子所重視的謹慎真正的義涵。當子張向孔子請教如何謀取官職、為民服務時，孔子回答：「多聞闕疑，慎言其餘，則寡尤；多見闕殆，慎行其餘，則寡悔。言寡尤，行寡悔，祿在其中矣。」（〈為政〉）謹慎的意思不是說對事情考慮再三、瞻前顧後、畏首畏尾、閉關自守，而是要以「多聞」與「多見」為前提，在有了足夠的參考資訊之後，對可疑、沒有把握的說法與事物說「不」，然後再小心地將沒有懷疑的部分付諸實現。

這樣的謹慎做法，跟前面賈伯斯的「對另外一百個好點子說不」其實差不多。當然，賈伯斯的謹慎是為了找到最好的點子，而孔子的謹慎則以為人處世避免錯誤和後悔為主，但不管是為了開創新局或個人修養，謹慎都是我們必須具備與加強的人格特質。

「謹言」比「慎行」更難以做到

一般說來，「謹言」比「慎行」更難以做到，因為我們常常一不小心就會說錯話，重者禍從口出，輕則利口傷人。《詩經》裡有句詩：「白圭之玷，尚可磨也；斯言之玷，不可為也。」意思是白玉被玷汙了，還可以把它磨去，而說錯了的話，則無法挽回，正所謂「一言既出，駟馬難追」。孔子有個弟子南容一再用這首詩來提醒自己，孔子於是把姪女嫁給他，這表示孔子非常欣賞也非常看重言語謹慎的人。

其實，世界各主要文化也都提醒我們說話要謹慎小心，譬如猶太人的《塔木德經》（*Talmud*）就說：「磨坊磨出麵粉，舌頭磨出是非。」又說：「被打的痛楚終得消弭，唯受辱的言詞永誌難忘。」英國有句諺語也說：「一盎司的謹慎勝過一磅的學問。」西班牙人更說：「謹慎是勇氣的一部分。」

一個真正有勇氣的人，絕不會不加思索就貿然從事。

「必也臨事而懼，好謀而成」

至於在「慎行」方面，行事謹慎也不是說要人膽小怕事、優柔寡斷，而是要像孔子對弟子所說的「必也臨事而懼，好謀而成者也」（〈述而〉），也就是說在面對問題的時候要戰戰兢兢，一定要思考各種可能的發展，先擬妥完善的計畫，然後再按部就班去完成它。這樣的謹慎，其實是做好任何事情都必須具備的條件，事前謹慎勝過事後補救千百倍。

除了謹言慎行外，在《論語》的〈述而〉中還提到孔子對齋戒、戰爭和疾病三件事特別謹慎，齋戒跟「禮」與「誠敬」有關，謹慎表示他對此的重視；而戰爭和疾病的後果嚴重，謹慎主要是為了「防範於未然」。前面也提過，孔子曾說：「魚餒而肉敗，不食。色惡，不食。臭惡，不食。」（〈鄉黨〉）這表示他平時非常注重飲食衛生；而有一次，大概是孔子生病了，季康子送藥來給他，孔子拜謝後，說：「丘未達，不敢嘗。」（〈鄉黨〉）意思是說他對藥性不了解，所以不敢嘗試。這種不吃腐敗的食物、不隨便亂吃藥的謹慎，應該也是孔子能活得比當時人健康與長壽的原因之一。

謹慎過頭反而礙事

謹慎雖然是人格優點，但也不宜過度。所謂「慎而無禮則葸」（〈泰伯〉），意思是小心謹慎如果沒有用「禮」來規範，就會變得畏首畏尾、膽小怕事。孔子雖然沒有明白表示什麼是「慎而有禮」，但他對凡事都要「三思而後行」的季文子批評「再，斯可矣」（〈公冶長〉）由此可知，謹慎要適可而止，很多事情是考慮兩次（或正反兩面）就夠了，因為想得愈多，可能只是把事情弄得愈複雜，人變得愈糊塗、愈瞻前顧後。但另一方面，謹慎與果敢一定要前後相隨，凡事在謹慎考量之後，接下來一定要有果斷的行動，否則謹慎不僅毫無用處，甚至成了礙事的絆腳石。

大環境惡劣時，不必冒不必要的險

關於謹言慎行，跟大環境也有相當關係。孔子說：「邦有道，危言危行；邦無道，危行言孫。」（〈憲問〉）意思是在國家有道、政治清明的時候，要言所當言、行所當行；而國家無道、政治昏暗的時候，行事要正直，但說話卻要謹慎。有人據此認為孔子投機，其實在暴君或昏君的威權統治下，出言不遜或隨便亂說話只會惹禍上身，損己又不利人，何必去冒這種無意義的險？

但這並不表示孔子就是一個膽小怕事的人，當他聽到陳成子殺死齊簡公時，雖然自己已退官家居，他還是上朝去見魯哀公，說：「陳恒弒其君，請討之。」（〈憲問〉）該說的話他還是會說。什麼時候該謹慎，什麼時候該果斷，端賴個人判斷。

謹慎方可成大事

謹慎跟前面所說的其他德行一樣，同屬於正向心理學所標榜的個人修養領域裡的人格長處。在這個大家都變得愈來愈急躁冒進的時代，想要鶴立雞群，讓人刮目相看，並非要比別人更急躁冒進，而是要謹慎從事、悠閒緩進。

在中國歷史裡，受人敬佩與歌頌的諸葛亮就是一個以謹慎為其人格特質的英雄人物，他在《出師表》裡說：「先帝知臣謹慎，故臨崩寄臣以大事也。」劉備慧眼識英雄，而諸葛亮也不負所託，今日成都武侯祠的對聯寫的是：「成大事以小心，一生謹慎；仰流風於遺跡，萬古清高。」謹慎，不只可以讓你的人生朝正向開展，更可以讓你成大事。

自我克制——更多的快樂、創意與尊嚴

如果你想當英雄，那麼第一個要征服的對象就是你自己，而征服自己的首要任務就是要克制自己的欲望、衝動和行為，讓它們聽命於你。在過去，這種自我克制、自我約束是個人修養最基本、最重要的項目，但現在很多人一聽到它們就會皺眉，因為大家認為克制、約束就代表壓抑，壓抑的不只是欲望、個性，還包括創意、精采快樂的人生等等。在這個鼓吹自由、解放的時代裡，談自我克制似乎顯得相當不合時宜。但這其實是想當然耳的人云亦云。

要克制的是「不當」而非「過多」

孔子是個很注重自我克制、自我約束的人，他說：「以約，失之者鮮矣。」（〈里仁〉）意思是能自我約束的人，犯的過錯就很少。但所謂克制或約束絕無禁止之意，而是要「約之以禮」（〈雍也〉）、「克己復禮」（〈顏淵〉），讓欲望和行為恢復到（或符合）「禮」的儀軌上。當然，「非禮勿視，非禮勿聽，非禮勿言，非禮勿動」（〈顏淵〉）中，幾個「勿」可能給人很大的束縛、壓迫感，但這其實是受到傳統解釋窠臼「束縛」的關係。

當我們說「克制」時，針對的是不當、有害的欲望，但什麼是「不當」、「有害」？習慣的想法是指「過多」的欲望，其實，有些欲望「過少」（譬如厭食）也是有害的，所以，我們要克制的其實是「過度」——過多或過少的欲望都屬不當。一個人若過度渴望成為「聖人」，那也是必須加以節制的不當欲望。孔子雖然以「聖與仁」為目標，但卻沒有過度渴望，「子罕言利，與命，與仁」（〈子罕〉），他不會把「仁」掛在嘴上，談「聖」的機會就更少。

有幾個人達到《禮記．內則》的規範？

前面在談「禮」時已提過，「禮」最經得起考驗的一個定義是「多數人公認的合適的規範」，但什麼叫做「合適」？它不僅會因為文化而有所差異，即使在同一個文化圈，也會隨著時代而變遷。當「禮」代表一種規範時，它並非都是在壓抑、束縛個人的欲望或行為，譬如在性行為的規範方面，古代的《禮記．內則》就說：「妾雖老，年未滿五十，必與五日之御。」意思是必須和未滿五十歲的妻妾「五日行房一次」才合乎禮，這哪裡是在壓抑你的欲望？你做不到還「非禮」呢！

當然，這也不是說你一定要符合古禮，而是我們不必那麼拘泥。「克己復禮」的現代涵義其實很簡單，就是調整自己不恰當的欲望和行為，使它們符合多數人認可的規範。這沒有什麼好皺眉或挑剔的。

最需要克制的是衝動反應

克制不只是在約束自己不恰當的欲望，還包括過度的情緒反應，譬如「節哀順變」裡的「節」，就是要克制自己過度哀傷的意思。《禮記．檀弓上》記載，孔子的兒子伯魚在母親死後，守喪期滿還哭個不停，孔子知道了，就說：「嘻！其甚也，非禮也。」過度、過長時間的哀傷反而不合乎禮，所以要兒子展開笑臉，恢復正常生活。

而在所有的情緒裡，我們最需要的克制的就是因一時受刺激而突然爆發的衝動反應，孔子說「**小不忍則亂大謀**」（〈衛靈公〉），正是這個意思。所以，為了自己和群體的長遠利益，我們要學會忍耐和沉著，所謂「忍片時風平浪靜，退一步海闊天空」，不只不要亂發脾氣，更要懂得拒絕眼前的誘惑。

有節制的快樂乃是雙重的快樂

當然，還是有人會說，要我們抗拒各種誘惑，對個人的未來「也許」有好處，但卻會讓人「立刻」失去眼前的快樂，結果很可能得不償失，「所以」，自制力強的人看起來都「不太快樂」？這其實也是想當然耳。

根據芝加哥大學霍夫曼研究團隊的一系列實驗發現，自制力較高的人，長期而言，不只能有較高的生活滿意度和幸福感，即使在當下（面對誘惑之後），也比自制力差的人更覺快樂。為什麼會有這種現象呢？分析其原因發現，原來是自制力高的人在面對誘惑（譬如是否吃第二塊蛋糕）時，較少有「天人交戰」的負面情緒（不吃就是不吃），事後也不會因貪吃而懊惱，所以反而較為快樂。

這讓人想起德國小說家赫曼・赫塞（Hermann Hesse）所說：「有節制的快樂乃是雙重的快樂。」既能因為欲望獲得適度的滿足而快樂，又能為自己的節制感到某種尊嚴與光采；如果意猶未盡，還可為下次預留美好的期待。

規範束縛能讓你更有創意

而所謂「約束會扼殺創意」的說法也是片面之詞。我們要知道不論中外，很多優美而不朽的詩篇與樂章，都是根據講求押韻、平仄對仗、字數限制等「嚴格的規範」創造出來的；很多偉大的小說譬如班揚（John Bunyan）的《天路歷程》（*The Pilgrim's Progress*）、塞萬提斯（Miguel de Cervantes）的《唐吉訶德傳》（*Don Quixote*）都是他們被「束縛」在監獄裡寫就的。

全球知名的奧美廣告公司的老闆奧格威（David Ogilvy），在為新進員工舉辦「新生訓練」時，他都會宣讀該公司員工必須遵循的十一條戒律，包括什麼是好廣告、如何寫廣告標題、內文、安排插圖、如何為客戶建立形象品牌、言談舉止務必彬彬有禮等等。每一條戒律下都附帶詳細的說明、舉例。如果你想來奧美工作，你就必須遵守；如果你不想受束縛，認為這是在扼殺創意，那也請你立刻離開，但奧美可是舉世公認最具創意的廣告公司之一。

所以，說自我克制、自我約束就是在壓抑一個人的欲望、個性、創意、精采快樂的人生，完全是一派胡言。即使你不想當英雄，而只希望能過一種有尊嚴、創意與光采的人生，那你也應該重拾自我克制、自我約束這種美德。

泰而不驕——做個卑以自牧的謙謙君子

《易經》中有一個「謙」卦，卦辭說：「謙謙君子，卑以自牧。」意思是有德的君子總是以謙卑的態度來修養自身。在中國，謙虛向來被視為一種美德，更是個人修養的重點；古希臘的哲學家蘇格拉底（Socrates）亦說：「謙虛是埋藏於土中甜美的根，所有崇高的美德由此發芽滋長。」而在正向心理學裡，謙虛同樣屬於個人修養方面的人格長處；當然，也是我們在追尋正向人生時，應該著力的項目。

君子泰而不驕，小人驕而不泰

孔子在《論語》裡雖然沒有直接提到「謙」，但卻多次提到它的反義字「驕」，譬如：「君子泰而不驕，小人驕而不泰。」（〈子路〉）才德兼備的君子安靜坦然而不會傲慢無禮，小人則剛好相反。他甚至說：「如有周公之才之美，使驕且吝，其餘不足觀也已。」（〈泰伯〉）「驕」就是不謙虛，一個人若不謙虛，那麼其他優點都成了可疑或必須大打折扣。

顏回是孔子最得意、也最優秀的學生，他在孔子要他表達志向時，說：「願無伐善，無施勞。」（〈公冶長〉）意思是但願能不誇耀自己的優點、不宣揚自己的功勞；以此為志向表示他希望能擁有很多優點、建立很多功業，但卻又能謙沖為懷。顏回這種謙虛的態度，正是他讓孔子欣賞的地方。

驕傲或謙虛不只是判別小人與君子的一個重要指標，就像《尚書・大禹謨》：「滿招損，謙受益。」或《聖經》所說：「敗壞之先，人心驕傲。尊榮以前，必有謙卑。」它們還是讓我們的人生向下沉淪或向上提升的一個重要因素。

謙虛要表現在具體的行動上

一個人為什麼會驕傲自大？最根本的原因就像蘇格拉底所說：「驕傲是無知的產物。」一個人為什麼會缺少謙虛？最常見的原因一如發明家富蘭克林（Benjamin Franklin）所說：「缺少謙虛就是缺少見識。」只有無知和缺少見識的人才會以為自己很了不起，雖然謙虛是美德，但如果因謙虛而自覺了不起，但也就成了缺點。老實說，蘇格拉底和富蘭克林都曾為他們的謙虛感到驕傲過，在這方面，孔子反而是我們最佳的榜樣。

一個真正謙虛的人不會把謙虛掛在嘴上，而是表現在具體的行動上，孔子就是這種人。他很懂禮也很好禮，但在入太廟時卻「每事問」（〈八佾〉），即使因此而被譏笑對禮「懂得不多」，他也不以為意。所謂「學然後知不足」(《禮記．學記》),一個人在懂得愈多後,愈能認識到自己懂得實在不多;好比稻米,愈成熟頭就會垂得愈低。不管什麼問題,能夠虛心向人求教,而且還「不恥下問」(〈公冶長〉),不只可以增加自己的見識,有助於解決實際的問題,更可以開闊自己的眼界和心胸。

孔子承認自己不如顏回

有一次孔子問子貢:「女與回也孰愈(優秀)?」子貢回答:「賜也何敢望回?回也聞一以知十,賜也聞一以知二。」孔子說:「弗如也。吾與女弗如也。」(〈公冶長〉)子貢說他不如顏回優秀,而孔子居然也承認自己比不上顏回!能像孔子這樣說自己不如學生的老師,還真不多見。

在其他場合,孔子還說「吾不如老農」、「吾不如老圃」(〈子路〉),因為每個人的人生經驗都不同,每個人都有勝過我們、值得我們學習的地方,所以孔子會說:「三人行,必有我師焉。」(〈述而〉)如果能以這種謙虛的心態來看待自己和別人,那麼我們就不至於驕傲自大惹人厭,而且也更能欣賞別人的優點,樂於向對方學習,進而得到別人的欣賞、信任與支持,讓人際關係更加圓融,這也正是「謙受益」。

謙虛也要恰如其分

後世的學者將孔子捧為「聖人」，孔子死後若有知，一定會大搖其頭，因為他說：「若聖與仁，則吾豈敢？」（〈述而〉）孔子甚至還說：「文，莫吾猶人也。躬行君子，則吾未之有得。」（〈述而〉）他只承認自己的知識還可以，連「躬行君子」都稱不上，也許有人認為他謙虛過了頭，其實，每個真正有反省能力的人都知道，自己很難凡事都身體力行、知行合一；但就是因為這種自覺、這種謙虛，才能使我們精益求精，百尺竿頭，更上一步。

謙虛雖然是美德，但一個人也不宜太過謙虛，更不應該故作謙虛，否則反而會給人「虛假」的感覺。當太宰問子貢說：「夫子聖者與？何其多能也？」子貢讚美他的老師：「固天縱之將聖，又多能也。」孔子聽了，立刻出面糾正說：「太宰知我乎？吾少也賤，故多能鄙事。」（〈子罕〉）他認為自己根本不是什麼「聖人」，他的很多技能都是因為少年時代生活艱苦，為了生存，一點一滴學習、磨練出來的。但他接著又說：「君子多乎哉？不多也。」這句話的一個解釋是：能像他這樣懂得這麼多雜七雜八東西的君子，其實也不多。孔子在很多方面，懂得確實是比那些生活優渥的君子要多得多，這時，承認事實反而才是真正謙虛的表現，因為孔子知道自己「還沒有偉大到必須那麼謙虛」。謙虛要有個限度，什麼都謙虛，而且謙虛過了頭，反而是「自認為很了不起」的虛偽表現。

心卑如海，納匯百川

老子說：「江海所以能為百谷王者，以其善下之，故能為百谷王。」（《道德經》）江海因為自居於低下，所以能匯聚百川。同樣的道理，一個人如果想讓眾人歸心，一定也要放低身段，謙虛待人。但這不是說因為謙虛對我們有好處，所以我們要學會謙虛或勉強自己謙虛，真正的謙虛絕不是出於禮貌或是努力做出來的，而是發自內心真實的感情。

但要怎麼發自內心呢？那就要有像大海一般廣闊的胸襟，了解到不管自己多能幹、多博學，在浩瀚的宇宙中都比滄海一粟還要渺小，時時以此提醒自己，自然能有發自內心的謙虛之情。而當你的謙虛是發自內心時，你自然就能有「謙受益」的人生。

幽默感——思想靈活、生活有趣的催化劑

知名的瑞士劇作家狄倫馬特（Friedrich Dürrenmatt）說：「幽默是智慧的面具。」幽默不僅是一種社交潤滑劑，能幫我們度過尷尬、惡劣的場面；而且像清涼的夏雨，在瞬間清洗我們的憂傷與苦難；它更是智者的一種人格特質。一個擁有大智慧的人，像文學家莎士比亞、科學家愛因斯坦、美國總統雷根等人，也都是深具幽默感的人。他們以幽默的方式來看待人世間各種荒謬、無奈、悲哀甚至嚴肅的問題，提醒我們最好能夠放輕鬆點，因為「世界上唯一嚴肅的問題，就是不要把任何問題看得太嚴肅」。

活潑、風趣的師生互動場面

幽默大師林語堂在〈論幽默感〉一文裡說：「孔子之幽默及儒者之不幽默，乃一最明顯的事實。」當後世小鼻子小眼睛的儒家學者把孔子神聖化後，也將他褊窄化、無趣化了，真正的孔子其實是一個很有幽默感的智者與老師，在《論語》裡，我們可以看到不少活潑、風趣的師生互動場面。

譬如子游在當武城邑宰時，孔子帶弟子們去參訪，在當地聽到弦歌之聲，孔子不禁莞爾而笑，說：「割雞焉用牛刀？」子游以為孔子在諷刺他小題大作，一本正經地說：「昔者偃也聞諸夫子曰：『君子學道則愛人，小人學道則易使也。』」意思說這是他在實踐老師「禮樂治國」的教誨，希望百姓在禮樂薰陶後，能移風易俗。孔子聽了，有點不好意思，馬上對眾弟子說：「二三子！偃之言是也，前言戲之耳！」（〈陽貨〉）——各位同學，子游說得對！我剛剛只是在跟他開玩笑。

孔子原先的「莞爾而笑」，是在表示他對子游的表現（讓老百姓彈琴唱歌）感到安慰與開心，他一開心，忍不住用調侃的語氣說子游是「用牛刀來割雞」，這是以俏皮話來幽子游一默。但發現子游誤解了他的意思，就立刻自我糾正說自己是在「開玩笑」（只差沒有自打嘴巴），要大家放輕鬆點。

「子見南子」的餘波盪漾

當孔子在衛國時，也許是為了尋找施展抱負的機會，而單獨去見受衛靈公寵幸、風騷豪放的南子，希望她能在衛靈公面前美言幾句。在孔子出來後，子路對孔子擺出臭臉，明顯表示他的不高興與懷疑。多數人在受到這種對待和懷疑（特別是來自晚輩）時，很可能會惱羞成怒，而直指對方說：「你不相信我的人格嗎？你是想誣衊我嗎？你這是什麼態度？」但孔子卻沒有責怪子路，反而自己對天發誓：「予所否者，天厭之！天厭之！」（〈雍也〉）意思是「如果我做了苟且之事，就讓老天爺懲罰我！老天爺懲罰我！」若非有高度的幽默感，是沒有辦法做此回答的。

但因為孔子始終沒有透露他單獨去見南子時，兩人到底如何互動，所以留給世人很多想像的空間，林語堂還為此編寫了一齣《子見南子》的獨幕劇，描寫孔子在見了南子出來後，狀甚陶醉，精神恍惚，對子路一再逼問他「是否還想拯救天下蒼生？」只能喃喃自語：「我不知道，我先要救我自己！」如此劇情也讓衛道人士極為憤怒而大加撻伐，其實這是幽默的林語堂對那段歷史懸案的幽默解讀，孔子看了很可能只會哈哈一笑，只有無趣而不識趣的腐儒才會在那邊咬牙切齒。

孔子的自我解嘲

遇到逆境，是檢驗一個人幽默感的最佳時機。弟子們對孔子的懷才不遇、有志難伸是心有戚戚焉，當子貢意有所指地說：「有美玉於斯，韞匵而藏諸？求善賈而沽諸？」這裡有一塊美玉，是要把它收藏在櫃子裡呢？還是找一個識貨的商人賣掉呢？孔子聽出了他的弦外之音，說：「沽之哉！沽之哉！我待賈者也。」（〈子罕〉）賣掉吧！賣掉吧！我正在等著識貨的商人呢！把自己看成是等待出售的商品，雖然是孔子在自我調侃，但正可以減輕他懷才不遇的挫折感。

最讓人莞爾的莫過於《史記．孔子世家》所說：孔子在鄭國跟學生們走散了，一個人在城門底下等候。有人來跟子貢說，東門底下站了一個人，腦門像堯，脖子像皐陶，肩膀像子產，腰以下比禹短了三寸，好像一條無家可歸的狗。子貢找到孔子後，把這段話說給他聽。孔子聽了，不僅不以為意，反而高興地說：「他形容我的相貌，也許不太對，但說我像條喪家狗，真是說得對！說得好！」

只有樂觀開朗、對自己充滿信心的人才能如此輕鬆看待別人對自己的批評，而且還拿來自我解嘲。這就好像美國的林肯總統經常拿自己「醜陋的容貌」來開玩笑、自我解嘲一般，因為你嘲笑自己，別人就不會嘲笑你，而且還會對你另眼相看。

孔子的幽默感還感染了他的學生。當孔子從匡地脫困，逃出來後，顏回最後才趕上。孔子看到他，鬆了一口氣，開玩笑說：「我還以為你死了哪！」一向是「乖乖牌」的顏回也立刻還以顏色：「子在，回何敢死？」（〈先進〉）——老師還活著，我顏回怎麼敢死呢？從幽默的對話裡，讓人深切感受到他們師生兩人感情的真摯，而這也才是真正的「孔顏樂處」。

高雅的思想境界與人格特質

從某個角度來看，幽默代表一種思想境界，境界愈高就會愈顯幽默。但從另一個角度來看，幽默也是一種思想或人格特質，因為幽默能使一個人的思想更靈活、有趣、開通、具彈性，而這也是想要有創意人生所必需的。愛因斯坦就說：「相對論與優秀的笑話，同樣是追求宇宙真理的線索。」

他發現相對論的創意思考，顯然跟他喜歡說笑話的幽默特質有相輔相成的關係。

印度聖雄甘地說：「如果不是有幽默感，我恐怕很久以前就自殺了。」如果你想要有不一樣的人生，那你可能會面臨更多的挑戰、挫折與煩惱，也需要更多的創意，這時你就需要更多的幽默感。也許無法像林語堂那樣幽默，但最少可以如孔子或甘地般幽默。

參

在塵網裡，搭建美好的和諧

「至於犬馬，皆能有養，不敬，何以別乎？」孔子談孝，特別重視敬。敬就是尊重，尊重父母的觀點、興趣、習慣等，也就是讓父母「做自己」。

在與人相處時，孔子認為消極的做法是「己所不欲，勿施於人」，積極的做法則是「己欲立而立人，己欲達而達人」。

《論語》裡的「為政之道」，其實也就是領導、協調、管理的方法。「舉直錯諸枉，則民服；舉枉錯諸直，則民不服」，是千古不易的用人與管理金鑰。

從「君子和而不同」可知，孔子不僅清楚指出「和諧」並非「相同」，而且還強調是用「不同」的東西來製造和諧、維持和諧。

親情萬千——孝的最高境界是尊重父母

在這個世界上，父母是和我們關係最密切、也是我們感情投注最多的對象之一，如果你和父母的關係非常美滿，那你的人生應該會隨之美滿許多。當然，我們不是為了想讓自己的人生美滿，才去經營親子關係的，而是前面已經說過，親子感情本乎天性，是「仁」之所由來，也是我們表現「仁」的最原始對象。我們每個人對父母都有一份自然的愛，都想對他們好一點，也希望他們都能快快樂樂地過活。

為何要用「禮」來規範「孝」？

這種子女對父母的親情，在中國文化裡被稱為「孝」。但中國文化裡的「孝」，除了親情的自然表達外，更有行為規範的涵義。當孟懿子問孝時，孔子回答說：「無違。」但這個「無違」很容易被理解成「不要違逆父母」，所以後來孔子又對樊遲解釋說「無違」其實是「生，事之以禮；死，葬之以禮，祭之以禮」（〈為政〉），也就是在父母生前與死後，對待他們都不要違背禮的規範。

將自然流露的親情演變成不能違背的禮節，似乎是多此一舉的矯飾，但從另一個角度來看，「禮」的主要功能是要讓我們的情感獲得適當的抒發，以「禮」來讓我們對父母的親情得到更全方位而優雅的表達，正可以看出孔子對「孝」的重視。那麼要如何以「禮」來表達「孝」呢？《孝經》說：「孝子之事親也，居則致其敬，養則致其樂，病則致其憂，喪則致其哀，祭則致其嚴。」亦即對父母的生活起居、奉養、生病、喪葬、祭祀等方面都有要求的重點，用意就是在適當地表達我們對父母「敬、樂、憂、哀、嚴」等感情。

「孝」的消極意義

子女對父母的感情的確相當豐富而且複雜。孔子說：「父母之年，不可不知也。一則以喜，一則以懼。」（〈里仁〉）當父母年紀大了以後，我們一方面為他們的長壽高興，但另一方面卻又憂慮他們的衰老，這不禁讓人想起丹麥哲學家齊克果所說的：「真愛的背後必然隱含著憂慮。」我們對父母的看法與所做的一切，有些是來自愛，有些是來自憂慮，但更多是兩者兼而有之。

與其在父母死後才藉「葬之以禮，祭之以禮」來表達自己的哀傷，不如在生前「事之以禮」讓他們高興、自己也高興。但要如何讓父母高興呢？光靠為他們提供物質上的滿足顯然不夠，更重要的是心理上的愜意。這可分為兩方面，消極意義來說，就是不要讓父母為我們擔憂，譬如當好勇鬥狠的孟武伯問孝時，孔子回答：「父母唯其疾之憂（不要讓父母為你的毛病擔憂）」（〈為政〉），就是這個意思。

《孝經》裡所說：「身體髮膚，受之父母，不敢毀傷，孝之始也。」多少也在表達同樣的意思。而「父母在，不遠遊，遊必有方」（〈里仁〉），兒女出遠門總是會讓父母擔心，所以也要盡量避免。當然，現在出遠門已經比古代安全、方便許多，跟父母也可以隨時用電話保持聯絡，但為了不讓父母操心，還是應該經常向父母報平安。

「孝」的積極表現

「孝」的積極意義則是要讓父母打從心裡高興。當子夏問孝時，孔子回答：「色難。有事，弟子服其勞；有酒食，先生饌，曾是以為孝乎？」（〈為政〉）就是這個意思，光是在父母有事的時候，替他們分憂解勞；或是請他們到餐廳吃美食，這樣還不能算「孝」；重要的是你在做這些事時都要和顏悅色、滿心歡喜，表示你是真心誠意。因為你真心、你歡喜，父母看在眼裡，才會放心、跟著歡喜。

當然，要讓父母高興有很多方法，譬如你除了是個好兒子外，還是個好丈夫、好父親、好同事、好主管、好國民，在家裡、在外面都得到大家的肯定與欣賞，父母自然會感到滿意與歡喜。而《孝經》

裡所說的：「立身行道，揚名於後世，以顯父母，孝之終也。」如果能有不凡的表現，像孔子一樣揚名後世，那更是「孝」的最高境界。

「敬」父母就是要尊重父母

除了讓父母高興，更重要的是要讓他們感受到你對他們的敬意，也就是孔子說的：「今之孝者，是謂能養。至於犬馬，皆能有養，不敬，何以別乎？」（〈為政〉）即使讓父母錦衣玉食，但如果缺乏「敬」，那麼侍奉父母就跟飼養犬馬沒有什麼差別。這個「敬」通常被解釋成恭敬，甚至對父母要畢恭畢敬、言聽命從。但這種解釋太過狹隘，也違背了孔子的觀點。

「敬」除了恭敬之外，更有「尊重」的意思。我們說「敬業」，指的就是「尊重你的工作」，而非「恭敬你的工作」。所以，「敬」父母就是要「尊重」父母，但要「尊重」父母的什麼呢？簡單講就是要尊重他們的觀點、興趣、習慣等。

現在有不少子女在發達後，為了表示對父母的孝心，而帶父親去聽西洋歌劇，讓母親去學插花，因為他認為聽西洋歌劇和學插花是「高雅」的活動；但父母卻一點也不快樂，因為他父親真正喜歡的是看布袋戲，而母親真正愛的是在陽台上種菜。讓父母聽歌劇與學插花，名為「孝順」，其實是「自私」，也就是要父母順從自己的意思去做，一點也不尊重他們的意願。真正的孝順是要讓父母做他們喜歡做的事，也就是讓他們「做自己」。

當父母有不對的地方時

但如果父母的觀點、興趣、習慣違反公序良俗，那該怎麼辦呢？我們還是要照樣尊重他們、隨其所欲嗎？孔子並不鼓吹「愚孝」，更沒有霸道到認為「天下無不是的父母」，他主張此時要「事父母幾諫」（如果父母有不對的地方，要委婉地勸說他們），但「見志不從」（父母不聽），還是要「又敬不違，勞而不怨」（〈里仁〉），有人認為這個「又敬不違」就是「愚孝」，其實這也不能一概而論。

譬如父母抽菸抽得很兇時，你當然要提醒他們抽菸有害健康，勸他們不要再抽菸。但如果父母不聽，照抽不誤，那該怎麼辦？難道要將他們趕出家門或從此不理他們嗎？「又敬不違，勞而不怨」是說你要尊重父母的看法，不要逼他們接受你的觀點，更不要心存怨懟，這也是不得已之事。

但如果父母的嗜好或行為明顯不義，甚至要你遵從他的命令，《論語》裡面雖然沒說該如何處理，但《孝經》卻明確地說：「當不義，則子不可以不爭於父……。故當不義，則爭之，從父之令，又焉得為孝乎！」也就是說，這時候你若不聞不問、睜隻眼閉隻眼，或屈從於父母不當的命令，那就是「不孝」了。當然，如果發生前面所說「父親偷羊」或「瞽瞍殺人」之事，那要怎麼辦？就考驗你個人的道德抉擇了。

要成為「今之孝子」需要學習

在重視孝道的民族裡，向來就有「百善孝為先」的說法；而孔子更認為「孝」是「仁」的根本。也許是因為太過強調，以致於在漫長的歷史中，產生了一些令人反感的變質。但如果我們回到源頭，卻也不難發現孔子對「孝」的看法其實還是滿開明的，他強調的「敬」——尊重父母、讓父母做自己，更是相當符合現代的觀點。

我們對父母的感情本乎天性，但要如何讓它成為大家可以接受的「孝」？則需要學習。理想的親子關係是建立在「父父子子」上的——父母要像個父母，子女要像個子女，也許你無法要求你的父母或子女，但最少你可以要求自己，做父母時能是個好父母，做子女時能是個好子女。

有朋自遠方來——開啓一個瑰麗的世界

在人生的旅途中，如果說親人是來自上天的安排，那麼朋友則是出於自己的選擇。我們每個人都需要有朋友，更渴望能交到好朋友。希臘哲學家亞里斯多德（Aristotle）說：「朋友是另一個自我。」朋友不僅是「知己」——知道自己的人，我們還能從朋友身上看到「自我」。

有些朋友像一面面的鏡子，能讓我們看到自己心靈的各種樣貌；有些朋友則像一扇扇的門，能為我們開啟一個又一個瑰麗的世界，擴充自我的視野與經驗。朋友不只有助於我們認識自我，而且還有利於開拓自我，是我們在這個塵世選給自己的最好的禮物。

君子以文會友，以友輔仁

與朋友相聚，乃人生一大樂事。孔子在《論語》開宗明義，就為我們道出了這種喜悅：「有朋自遠方來，不亦樂乎？」（〈學而〉）和朋友在一起，為什麼能讓人覺得快樂呢？「群居終日，言不及義，好行小慧，難矣哉！」（〈衛靈公〉）朋友見面，互道近況、彼此調侃、嘻嘻哈哈、吃喝玩樂，也是人之常情與常樂。但如果整天都這樣、每次都這樣，那就有一點可惜了，似乎也不是孔子所強調的快樂。

孔子的弟子曾子說：「君子以文會友，以友輔仁。」（〈顏淵〉）這個「文」原是指文章，但也可以引申為文章裡所要表達的心情、見解、理想，「君子之交」的朋友見面，除了吃喝玩樂，總是要談些過去共有的夢想、別後各自的奮鬥、對時下某些議題的看法等等，然後在緬懷中互相鼓勵、提醒、安慰（以友輔仁），這種快樂才更值得珍惜，而這樣的朋友聚會也才更顯豐富而有意義。

益者三友，損者三友

就像人一樣，朋友也有好壞之分。如何分辨朋友的好壞？孔子給我們非常中肯的建議：「益者三友，損者三友。友直，友諒，友多聞，益矣。友便辟，友善柔，友便佞，損矣。」（〈季氏〉）孔子認為好朋友有三種：一是為人正直，對你直言無諱，當你犯錯時不會裝作沒看見，而會好意規勸你的「直友」；一是誠信寬厚，能體諒你的心情，當別人誤解你時，依然會相信你的「諒友」；一是見多識廣，能提供你不同的視野和意見、彌補你不足之處的「多聞友」。這三種朋友在陪伴你走過漫漫人生路時，對完善你的人格、實現你的夢想會有相當大的助益，也是我們應該交的朋友。

反之，壞朋友也有三種：一是心思不正，好走邪道，動不動就懷疑別人的「便辟友」；一是慣於迎合他人，順從權威，只能做牆頭草而沒有主見的「善柔友」；一是伶牙俐嘴，擅長花言巧語，把浮誇不實當家常便飯的「便佞友」。所謂「近墨者黑」，跟這三種壞朋友在一起久了，你難免會受到感染，變得跟他們一樣，而傷害到你的大好人生。

孔子建議的交友之道

雖然說交朋友需要有所選擇，但真摯的友誼通常不是來自有意的選擇，而是在自然的機緣下，靠長時間的交誼培養出來的。「與朋友交，言而有信」（〈學而〉），誠信不僅是人際關係的基礎，更是友誼的先決條件，但要使友誼長存，就要像孔子所說的「晏平仲善與人交，久而敬之」（〈公冶長〉），朋友之間雖然嘻嘻哈哈、互相調侃挖苦，但自己還是要有值得對方尊重之處，這樣的友誼才會多一些「靈性」，而不僅止於酒肉朋友。

讓友誼滋長的最佳方法是「朋友切切、偲偲」（〈子路〉），也就是能夠在工作、學問上彼此切磋砥礪，互通有無，這樣的友情最豐富也最溫馨。但所謂「君子矜而不爭，群而不黨」（〈衛靈公〉），朋友在切磋時不要爭強好勝，傷了和氣；可以形成合作團隊，卻不宜結黨營私。而當朋友做錯事時，你更應該「忠告而善道（引導）之」，盡到好友的責任，但也不必太勉強，「不可則止，毋自辱也」（〈顏淵〉）。

多交不同層面或不同領域的朋友

每一個人的知識與經驗都非常有限，孔子特別強調「無友不如己者」（〈學而〉），但這個意思並非勸我們不要結交不如自己的人，而是在提醒我們：「沒有一個朋友會不如自己」。因為不管哪個朋友，不管他們有什麼樣的背景和經驗，總是會在某方面比我們強，都是我們可以學習、請教的對象。

如果可能，我們當然應該多交朋友，但除了臭味相投或者志同道合外，最好也能多交些不同層面與不同領域的朋友。孔子提醒我們：「可與共學，未可與適道；可與適道，未可與立；可與立，未可與權。」（〈子罕〉）意思是有些朋友可以一起學習，但未必就志同道合；有些朋友志同道合，但未必能一起為理想並肩作戰；有些朋友能一起並肩作戰，但未必能共同權衡事理的輕重。話雖如此，但各個層面的朋友我們都需要。

在漫長的人生旅程中，我們最好能有各式各樣的朋友，有一起學習的朋友，有志同道合的朋友，有為理想並肩作戰的朋友，也有通權達變的朋友，雖然彼此不同，但卻都是豐富我們的生活，值得珍惜的好朋友。

想得到好朋友，必須自己先夠朋友

古人說：「人生得一知己，死而無憾。」但對現代人來說，只有一個知心朋友似乎顯得太少。在這個世界上，我們最好能有幾個知心的朋友，而且來自不同的領域，那將使我們的生命更有意義、更顯光采。

好朋友、真朋友能召喚出我們生命中的真善美，但要想得到好朋友、真朋友，你就必須自己先夠朋友。子路說他「願車馬衣裘，與朋友共，敝之而無憾」（〈公冶長〉）；而孔子的一個朋友死了，沒有家人料理後事，孔子立刻說「於我殯」（〈鄉黨〉），由他出面替朋友辦喪事。真正的好朋友必須「有福同享，有難同當」，孔子和他的學生為我們做了最佳示範，成了我們應該學習的榜樣。

尊賢容眾——人際關係的良性回饋

人是社會性的動物，除非你遺世獨立，否則除了親人和朋友外，我們每天都會遇到各式各樣的人，並和他們產生深淺不一的互動。表面上，這些人和我們的關係不是很大，但就像英國詩人丁尼生（Alfred Tennyson）所說：「我是我所遇到的人的一部分。」這些人其實也都成了我們人生的一部分。良好的人際關係不僅能讓我們心情愉快、工作順利，更有助於個人志業的發展與社會整體的和諧。如何看待他人、了解他人，和他們好好相處、互動，已成為一門愈來愈重要的學問，更是正向人生追尋的目標之一。

孔子待人以「仁」為核心

孔子的待人之道其實很簡單，核心要義只有一個字，就是「仁」。我們要以仁愛之心來對待別人，前面已說過，消極的做法是「己所不欲，勿施於人」。譬如你不想被人懷疑，那你就不要先懷疑別人，也就是對人要「不逆詐，不億不信」（〈憲問〉），不要預先懷疑別人欺詐，也不要動不動就猜測別人不誠實；換言之，就是要以正面、陽光的態度來看人，不要先入為主地把對方想成壞人。

積極的做法則是子張問仁時，孔子所回答的「恭、寬、信、敏、惠」（〈陽貨〉），我們對人要恭敬、寬厚、誠信，要敏於體察別人的心意，要懂得去嘉惠、幫助別人，進而做到孔子所說的「己欲立而立人，己欲達而達人」（〈雍也〉）。

人際關係基本上是一種「回饋」，每個人希望得到的都是「正向回饋」，而不是「負向回饋」。如果你動不動就要懷疑別人，老是「以小人之心，度君子之腹」，對別人擺出防衛的姿態，那別人怎麼可能對你有好感？會真心誠意對待你？結果當然就會造成惡性循環。但如果你待人寬厚誠信，那別人很可能也會以同樣的方式回報你，在良性循環之下，你自然就能擁有更美好的人際關係。

尊賢而容眾，嘉善而矜不能

我們周遭的人不只三教九流，而且各有賢不肖。對於這種人與人間的差別，我們最好以孔子所說的「性相近也，習相遠也」（〈陽貨〉）來理解：大家的本性其實都非常接近，今天的差別主要來自後天的際遇，際遇有好有壞，很多都不是我們自己想要或者能掌握的。「如得其情，則哀矜而勿喜」（〈子張〉），如果能知道對方成長過程裡的真實情況，了解造成他今天這般模樣的來龍去脈，那麼我們就能對他的處境多一份同情，不應該對他幸災樂禍，更不可讓自己洋洋得意。

孔子的學生子張說：「君子尊賢而容眾，嘉善而矜不能。」（〈子張〉）想當一個有修養的君子，固然要對有賢德的人表示尊敬，但也應該接納普通的凡夫俗子；要能夠嘉許優秀的人才，但也應該同情那些能力不足的人與弱勢族群。子張說這樣的觀點是他「聽來」的，很可能就是聽孔子說的，因為這正是他所說「汎愛眾，而親仁」（〈學而〉）的具體表現，社會上每一個人都需要愛，也都值得被愛。

躬自厚而薄責於人

只要是人，難免就會有一些毛病、缺點，甚至過錯，對此，孔子給我們的原則是「躬自厚而薄責於人」（〈衛靈公〉），要多要求自己而少責備他人。多要求自己，可以讓自己更趨完善；少責備他人，可以減少別人的怨懟。這樣不損人而又利己，何樂不為？

所謂「大德不逾閑，小德出入可也」（〈子張〉），對於別人的行為，我們不宜太過吹毛求疵；別人對我們有什麼惡言惡行，過了就算了，也不必一直放在心上。「伯夷、叔齊不念舊惡，怨是用希」（〈公冶長〉），伯夷、叔齊是孔子敬佩的古人，不念舊惡不只在表示他們的仁慈，更在顯示他們的偉大，因為就像印度聖雄甘地所說：「弱者無法寬恕別人，寬恕是強者的特質。」你如果無法寬恕別人對你的錯，甚至無法忘懷而一直懷恨在心，那只是「用別人的錯誤來懲罰自己」。

待人固然要寬厚仁慈，卻不能因此而淪為濫好人，我們還是要有自己的原則。雖然說讚美比批評更能得到別人的喜愛，但如果誇大其辭，甚至盲目讚美，那就成了諂媚，孔子不隨便批評別人，但也不輕易讚美他人，「如有所譽者，其有所試矣」（〈衛靈公〉），他讚美的都是通過他檢驗的。當別人對我們做得太過分時，我們雖然不可「以怨報怨」，但也不必「以德報怨」，而是要像孔子建議的「以德報德，以直報怨」（〈憲問〉），用恩德回報恩德，至於仇恨，則用公正的方法回報即可。

君子和而不同，周而不比

對同一個問題，大家會有不同的看法乃是天經地義，如果你認為你的看法有道理，希望別人尊重你；那別人也會認為他們的看法有道理，也希望你尊重他們。能抱持這樣的心態，那麼在聽到不同的意見時，就不會立刻心生排斥心理而劍拔弩張。

對於別人所發表的不同意見，我們雖然要表示尊重，但也不必盲目苟同。在這方面，孔子給我們的建議是「君子和而不同，小人同而不和」（〈子路〉）、「君子周而不比，小人比而不周」（〈為政〉），也就是君子與他人和睦相處，但卻保有自己的看法，更不會結黨營私；而小人則是屈從人意，但卻又不能與人和睦相處；而且專門喜歡與人勾結，謀取私利。

四海之內，皆兄弟也

人與人之間雖然有遠近親疏，但「四海之內，皆兄弟也」（〈顏淵〉），我們每一個人其實都是「人類」這個身體裡的一個細胞，也是我們所遇到的人的一部分，彼此休戚與共。就像北美的印第安酋長西雅圖（Seattle）所說：「雖然我們在不同的船上，你們在你們的汽船，而我們在我們的獨木舟上，但我們共享著同一條生命之河。」單單這一點，我們就應該彼此尊重，彼此珍惜，彼此相愛。

人焉廋哉——觀察人有方法，辨識人有訣竅

雖然說我們應該以正面、陽光的心態去看待他人、與人交往，但所謂「人心不同，各如其面」，無可諱言，世人並非都如我們預想的那樣良善。與人交往最忌諱的是識人不清、遇人不淑，開始時還如魚得水，沒多久就急轉而下，結果小則時生芥蒂、不歡而散；大則吃虧上當、後悔莫及。所以，在日常的人際關係裡，懂得如何觀人、知人、識人不僅必要，更是現代顯學EQ（情商）裡重要的一環。

不能被對方的表象所迷惑

孔子早就說過：「不患人之不己知，患不知人也。」（〈學而〉）很多人唯恐別人不認識自己，其實我們真正應該擔心的是不了解別人。但要如何了解人？「不知言，無以知人也。」（〈堯曰〉）考察一個人所說的話，是辨識他們最常見的方法，而孔子特別提醒我們：「巧言令色，鮮矣仁。」（〈學而〉）不能被討人喜歡的話語和臉色所迷惑，因為這些多半是別有居心的門面。孔子有一個學生宰

我能言善道，孔子本來對他印象很好，但在長期觀察後，卻發現他說一套做一套，因而認為我們要了解一個人絕不能「聽其言而信其行」，更重要的是在「聽其言」後，還要「觀其行」（〈公冶長〉），行為才是我們評斷一個人的可靠指標。

《孔子家語》和《史記．仲尼弟子列傳》還提到，孔子另有一個弟子子羽容貌醜陋，孔子原先對他的印象不太好，但後來才發現子羽的才德其實都高人一等。他因而感嘆：「以容取人，失之子羽；以辭取人，則失之宰予。」在與人交往時，對方的容貌和言語是我們最先接觸到的，雖然印象深刻，卻往往是錯誤的印象，這樣的缺失連孔子都不能免，所以我們更應該時時提醒自己，絕不能被這些表象所迷惑。

視其所以，觀其所由，察其所安

要想深入而準確地認清一個人，孔子提供我們三個步驟：「視其所以，觀其所由，察其所安，人焉廋哉？人焉廋哉？」（〈為政〉）首先，我們要了解對方言行的動機或原因（視其所以）；其次，觀察他所採取的方法或手段（觀其所由）；最後，考察他在完事後的心理狀態（察其所安）。

換句話說，當我們要根據一個人的行為表現來評斷他時，我們務必要對他的動機、手段和心態做整體的觀照，有的人動機純潔、手段光明正大、沒有達到目的也微笑接受，這樣的人就值得我們信賴與讚許。有的人則動機可議、手段粗暴、沒有達到目的就大發雷霆，對這樣的人，我們就要謹慎些。總之，一個人在其作為的每個階段，不同的表現通常具有不同的涵義、反映不同的心理狀態。如果能觀察得多一些、久一些，那就沒有人能夠隱瞞你什麼了（〈人焉廋哉〉）。

孔子對申棖與顏回的觀察

觀察和判斷也不能只停留於表面。譬如有人說，孔子的一位弟子申棖是個剛強的人，但孔子卻不以為然。因為申棖表面上看來雖然好勇尚強，但卻經常是意氣用事，而且還受物欲的引誘，孔子因此認為他的剛強其實是來自愛好名聲的欲望，並非出自內心，所以說：「棖也欲，焉得剛？」（〈公冶長〉）

又譬如顏回，孔子說：「吾與回言終日，不違如愚。退而省其私，亦足以發，回也不愚。」（〈為政〉）孔子教學時，顏回整天只是聽，都沒有發問，看起來就像個蠢人；但在下課後，孔子考察顏回私下的言行，卻發現又對他所講授的內容多所發揮，因此得到結論：顏回其實並不愚蠢。他的沒有發問也許是個性使然、尊敬老師，或者對孔子所教的都已相當明白；而在展現所學時，他並沒有在孔子面前炫耀，只是私底下發揮；即使因此可能被誤解是「蠢人」，他也自在安詳。在做這些及其他觀察和通盤考量後，孔子才會很自信地對人說，顏回是他最優秀與最得意的弟子。

如何判斷好人和壞人？

輿論和社會風評也是我們在評估一個人時的重要參考指標。子貢曾經問孔子：「鄉人皆好之，何如？」孔子回答：「未可也（還不能肯定他就是好人）。」那麼「鄉人皆惡之，何如？」孔子回答：「未可也。不如鄉人之善者好之，其不善者惡之。」（〈子路〉）後來，孔子又把類似的觀點再說一遍：「眾惡之，必察焉；眾好之，必察焉。」（〈衛靈公〉）當社會上絕大多數人都眾口一聲說某某是個壞人或好人時，我們反而應該要特別注意，絕不能人云亦云，而要自己仔細去考察辨識。只有社會上的好人說他好、喜歡他，而壞人卻說他壞、討厭他時，那才可能是真正的好人。

所謂「社會風評」，多半是來自道聽途說，以訛傳訛，我們不能輕信。而且就像子貢所說：「紂之不善，不如是之甚也。」（〈子張〉）當一個人被認為是壞人時，更多的壞事就會被加到他頭上，結果三分壞就變成了九分壞，但其實他並沒有那麼壞；反之，被認為是好人的人，往往也沒有大家所說的那麼好（在心理學上，這叫做「馬太效應」Matthew effect）。什麼人都說他好，那他很可能只是個「鄉愿」。

寧可不識字，不可不識人

有人說：「寧可不識字，不可不識人。」每個人都像一本書，值得我們去認識、好好閱讀。但也有人說：「識人不必識盡，識盡則無友。」其實，每個人都非常複雜，而我們也不可能完全認識一個人，要了解到什麼程度，還是得靠個人去拿捏。

但既然身處這個塵世，我們必然就要和周遭的人互動，形成深淺不一的各種關係。在人生的旅途中，如果能根據孔子所提供的上面那些原則去觀人、知人、識人，雖然不能說百分之百準確，但應該可以讓我們減少一些不必要的失誤，而讓旅途更加順暢、愉快。

言為心聲——話多不如話少，話少不如話好

德國詩人席勒（Friedrich von Schiller）說：「思考是我無限的國度，言語是我有翅的道具。」言語不只是我們表達思想的工具，更是與人溝通、增進彼此了解的橋梁。雖然說金玉良言讓人受益無窮，「與君一席話」更是「勝讀十年書」；但「言多必失」、「禍從口出」等成語又告訴我們，話多不如話少，而話少又不如話好。每個人都會說話，但要把話說好，而且說得恰到好處，卻非常不簡單，它需要學習。

孔子是個語言的素樸主義者

關於言談，孔子說：「辭，達而已矣。」（〈衛靈公〉）語言的功能旨在溝通，只要能正確表達自己的意思就可以了。這聽起來似乎表示孔子是個素樸主義者，不太重視說話的技巧，但就像席勒所說「思想無限」而「言語有限」，想用言語適切而充分地表達我們的思想，其實也不是一件容易的事，孔子說：「剛、毅、木、訥近仁。」（〈子路〉）其中的「訥」，除了「說話拙鈍」外，恐怕也有把心思

都專注於如何適切表達思想的涵義。

因為注重的是語言的內涵而非形式，所以孔子會說：「巧言令色，鮮仁矣。」（〈學而〉）他不僅不喜歡伶牙俐嘴、花言巧語的人，而且認為這種人缺少「仁心」，也許是因為花言巧語經常給人華而不實、裝腔作勢的虛偽感，不只孔子這樣認為，對人性有深入觀察的莎士比亞也說：「你的花言巧語對了解你的人來說，是足以洩漏你的空虛和弱點。」其實，說話得體就好，不必要求自己要如何能言善道，因為你愈能言善道、說得愈天花亂墜，就愈會讓明理的人覺得你不真誠。

禦人以口給，屢憎於人

有人說孔子的弟子冉雍是個仁者，可惜口才不好（仁而不佞），孔子回答：「焉用佞？禦人以口給，屢憎於人。」（〈公冶長〉）意思是口才好、能言善辯者經常用犀利的言詞去對付別人，只會惹人討厭。這再度顯示孔子不欣賞口才好的人。雖然說「真理愈辯愈明」，為了求真，我們不得不與人辯論，但在辯論過程中，因為想壓倒對方，大多數人往往就會堅持己見，甚至歪曲事實，結果是愈辯就離真理愈來愈遠；而且在爭辯時稍一動氣，就會轉而對人不對事，變成人身攻擊，反而製造不必要的衝突與敵人，徒增困擾。所以，如果你喜歡和人辯論，就應該要引此為戒。

孔子特別厭惡的幾種人

除了「巧言令色」和「禦人以口給」這兩種人外，孔子還特別點名，他也討厭下面幾種人：一是「惡稱人之惡者，惡居下流而訕上者」（〈陽貨〉），厭惡到處說別人壞話的人，厭惡身居下位卻誹謗上位的人；一是「惡利口之覆邦家者」（〈陽貨〉），厭惡伶牙俐嘴顛倒是非，使國家傾覆滅亡的人；還有「疾夫舍曰欲之，而必為之辭」（〈季氏〉），厭惡不肯老實說出自己想要的，而非要找個理由來掩飾或辯解的人。

但最讓人頭痛的是聽到什麼閒話，也不論真偽就四處傳播的人，孔子說這是「道聽而塗說，德之棄也」（〈陽貨〉），不僅自己拋棄了應有的道德，更會為社會製造不必要的紛擾。其實，不論古今，很多人都有這種毛病。要想遠離是非圈，避免自己說了後懊悔，就要「多聞闕疑，慎言其餘」（〈為政〉），如果能做到「非禮勿言」（〈顏淵〉），當然就更好；在聽了無法證實的謠言後，不做二手傳播，那不僅沉默是「金」，沉默還是「智慧的圍牆」。

說話要看時機、對象和環境

說話除了要注意內容、表達方式外，更要看時機、對象和環境。所謂「時然後言，人不厭其言」（〈憲問〉），另外「言未及之而言謂之躁，言及之而不言謂之隱，未見顏色而言謂之瞽」（〈季氏〉），同樣的一番話，時機到了才說，人家就不會討厭；但時機未到卻搶先說，那就是急躁；而時機到了反而不說，那就成了隱瞞。說話也要看對方的反應，如果對方臉色不對還硬要說，那就跟瞎子一樣。這些都是我們在與人溝通時應該特別注意的情況。

「可與言而不與之言，失人；不可與言而與之言，失言。」在可以跟他談之時，你卻不同他談，那可能就會失去朋友；而在不可以跟他談之時，你卻同他談，那就是明顯的失言；一個有智慧的人是「不失人，亦不失言」（〈衛靈公〉）。

另外，雖然說「狗嘴裡吐不出象牙」，什麼樣的人就可能說什麼話，但我們最好還是要學習不要將「人」與「言」綁得太緊，就像孔子所說：「君子不以言舉人，不以人廢言。」（〈衛靈公〉）我們不能因為一個人說了什麼好話，就賞識提拔他；也不要因為一個人的身分背景不好，就認為他說的全是廢話；這樣我們才能有更獨立與明智的判斷。

要做個言行一致的君子

「言為心聲」，他人通常會以我們說的話來判斷我們是怎麼樣的人；但更重要的是，我們要以我們說的話來告訴別人我們是怎樣的一個人。如果你不想讓別人誤解你，那你就不能言不由衷、裝腔作勢、自欺欺人；如果你想讓別人知道你是個表裡如一、言行一致的人，那你就必須「言忠信，行篤敬」(〈衛靈公〉),絕對不能說大話、假話和空話,因為「其言之不怍,則為之也難」(〈憲問〉),說話如果大言不慚,那麼要將它們付諸實現就會格外困難。而且「君子恥其言而過其行」(〈憲問〉),如果你想當君子,就要以言過其行為恥,為了避免這種恥辱,最好是「先行其言,而後從之」(〈為政〉),沒說以前就先做,等做好了再說。

優雅的談吐讓人如沐春風,也容易博得他人好感。為了能與人更水乳交融、事情做起來更順暢,學習一些說話的藝術是必要的,但卻不能專注於此,更不能變得太藝術,因為語言的表達最重要的是真誠,而非華美;我們最應該傾聽的是內容,而非形式。

三省吾身——讓現實我更接近理想我

美國的神學哲學家田立克（Paul Tillich）說：「愛的第一個職責是傾聽。」如果你愛你的父母、配偶和子女，愛你的鄰人、同事和同胞，那你就要先好好傾聽他們，然後再與之交談。如果你也愛你自己，那麼你也應該學習傾聽自己，並和自己對話。

自己一個人怎麼對話呢？其實你有好幾個「我」，譬如你內心有個「理想我」，而你實際表現出來的則是「現實我」，兩者之間往往有很大的差距，想要了解為什會這樣嗎？這兩個「我」之間就應該好好談一談。與自己的對話，其實也就是一般所說的「自我反省」或者「內省」，它是「完善自我」的一項重要工作。

孔子的「見不賢而內自省」

但要怎麼自我反省呢？孔子提供我們一個非常簡便的方法：「見賢思齊焉，見不賢而內自省也。」（〈里仁〉）看到賢德之士，就激發我們內心的「理想我」，而想要效法他、跟他一樣，也就是前面所說的想要以他為自己人生的典範；看到不賢缺德的人，就要自我反省，提醒自己不能跟他一樣。

孔子認為隨時隨地都可以做這種自我反省，而反省的項目則是「觸景生情」，看到什麼就反省什麼。這種「隨機式」的自我反省看似散亂無章，其實只要你心中常存反省之意，養成習慣，則在當下而且具體的人與事的刺激下，效果應該會比事過境遷之後，再找個清閒時間去做「回憶式」的反省來得好。

曾子的「吾日三省吾身」

孔子的得意門生曾子則採用另一種方式，他說：「吾日三省吾身。為人謀而不忠乎？與朋友交而不信乎？傳不習乎？」（〈學而〉）古人所說的「三」意為多次，曾子每天都自我反省好多次，他反省的主要有三個項目，一是在做事方面：為別人辦事是不是盡心竭力了呢？一是在做人方面：與朋友交往是不是做到誠實可信了呢？另一是在進修方面：老師傳授的學業是不是複習了呢？曾子的「理想我」當然希望這三項都做到，但他的「現實我」不見得能配合，自我反省的目的就是要檢討、勉勵「現實我」，讓「他」更接近「理想我」。

做事、做人與進修這三個項目，跟我們前面所說的生命意義（有事可做、有人可愛、有理想可以追尋）密切相關，每個人反省的細目可能不太一樣，也許也不必像曾子那樣一天好幾次，但如果能找個時間安靜下來（譬如晚上寫日記或躺在床上入睡前），針對某些事情，讓「理想我」和「現實我」好好交談，如此持之以恆，行之有年，那必然可以改善自己在做事、做人與進修方面的表現，讓自己的生活更精進，也更有意義。

真正的反省在於知過、改過

不管你反省什麼項目，反省的重點都應該是針對自己的過錯或不足之處。但人有一個毛病，就像孔子所說：「**已矣乎！吾未見能見其過而內自訟者也。**」（〈公冶長〉）能看到自己的過錯，而在內心自我責備的人少之又少，多數人在犯了過錯後，都像孔子的另一個弟子子夏所說：「**小人之過也必文。**」（〈子張〉）不是掩飾過錯就是找理由為自己開脫，但這樣就永遠沒有改正錯誤的機會，而成了孔子所說的：「**過而不改，是謂過矣。**」（〈衛靈公〉）有了過錯而不改正，那才是真正的過錯。天下沒有不會犯錯的人，要真正反省而且要想從反省中受益，那就必須找出自己的錯誤，正視自己的錯誤。

孔子就是一個知道自己錯誤，而且勇於公開承認的人。有一次，陳司敗問孔子：「魯昭公懂得禮嗎？」孔子回答：「懂得禮。」隨後，陳司敗對巫馬期說魯昭公在吳國娶了一個同姓的女子做夫人，如果這算是知禮，那還有誰不知禮呢？他認為君子是沒有偏私的，而孔子在這件事上卻包庇了魯昭公。巫馬期把陳司敗的話轉告孔子，孔子聽了，不但不生氣，反而說：「丘也幸，苟有過，人必知之。」（〈述而〉）他認為自己很幸運，因為有人能公開指出他的錯誤，他還對此表示感謝。所謂「人非聖賢，孰能無過；知錯能改，善莫大焉」，在自我反省時，我們不只要勇於承認錯誤，更要樂於改正自己的錯誤。

要能「躬自厚而薄責於人」

如果有心反省，那要反省的項目實在很多，譬如孔子說：「君子義以為質，禮以行之，孫以出之，信以成之。」（〈衛靈公〉）君子的這些行為準則就是我們應該反省的項目：你的所作所為是否以義為根本？行動時是否合於禮？表達時的言語是否謙遜？結果是否符合誠信？「理想我」的標準也許很高，看似很難達到，但所謂「取法乎上，僅得其中」，訂立的標準太高並非好高騖遠或想為難自己，而是這樣我們才能有不斷改進與成長的空間。

有些事情看似簡單或是老生常談，但其實很難做到。譬如子貢說：「我不欲人之加諸我也，吾亦欲無加諸人。」（〈公冶長〉）這其實就是「己所不欲，勿施於人」的另一種說法，每個人都能琅琅上口，但孔子卻說：「賜也，非爾所及也。」提醒他不是他做得到的，正是所謂「知易行難」，它們更需要我們時時反省。這也是當子貢批評別人時，孔子會說「賜也賢乎哉？夫我則不暇」（〈憲問〉）

的原因，與其把時間花在批評別人上頭，不如用來批評自己、檢討自己、反省自己。「躬自厚而薄責於人，則遠怨矣」（〈衛靈公〉），多責備自己而少責備別人，不僅可以避免別人怨恨，更能使自己受益。

自己摘下面具是一種勝利

每個人的「現實我」和「理想我」通常會有不小的差距，兩者的不同讓我們好像戴著一副面具在過活。法國小說家雨果（Victor Hugo）說：「讓人摘下面具是一種失敗，自己摘下面具則是一種勝利。」自我反省就是自己摘下面具的最好方法，它能讓你的「現實我」更接近「理想我」。

自我反省並非都是在責備自己，讓人不愉快的。孔子說：「內省不疚，夫何憂何懼？」（〈顏淵〉）如果你能經常自我反省，那除了讓自己更加完善外，你也能更問心無愧，更不憂不懼，更有自尊，也更顯莊嚴。

為政以德——如何領導一個工作團隊？

有人說：「人生就好像在大庭廣眾下的小提琴獨奏，一邊表演一邊學習掌握樂器。」另有人說：「人生就好像一首交響曲，它需要一個樂團來演奏，而你就是這個樂團的指揮。」小提琴獨奏主要看個人的才藝，而交響曲則除了個別演奏者的才藝外，更要看指揮者的協調與領導能力。現實人生可能是兩種表演方式兼而有之；如果你想要在這兩個場合都能有亮麗的演出，那麼除了個人才藝外，更需要培養你的協調與領導能力。

不可以不弘毅，任重而道遠

孔子在《論語》裡談了不少「為政之道」，從現代的角度來看，它們其實也就是領導、協調、管理的方法。不管你是一個單位或工作團隊的主管、一家大公司的總經理或董事長，孔子在《論語》裡所說的「為政之道」，依然具有高度的參考價值。

身為國家、公司、單位、團隊的領導人，首先必須先確立一個清晰的目標或理想，為部屬們提供努力工作的願景和使命感。孔子在誘導他的弟子「盍各言爾志」時，就明確表示他人生的目標是「老者安之，朋友信之，少者懷之」(〈公冶長〉)，也就是要建立一個安和樂利的社會，而這也是他給自己和弟子們的願景與使命感。

清晰的目標、願景和使命感，就是一個公司或群體之所以存在的「本」。「君子務本，本立而道生」(〈學而〉)，確立了「本」，大家才有奮鬥的方向和熱情。而身為領導人，更是「士不可以不弘毅，任重而道遠」(〈泰伯〉)，因為目標非一蹴可幾，自己的責任又重大，所以必須胸襟開闊、氣度恢弘，而且要意志堅定、行事果決，這樣才能帶領大家實現願景、完成使命。當然，位居眾人之上更需要高瞻遠矚，不能急功近利，「無欲速，無見小利。欲速則不達，見小利則大事不成」(〈子路〉)，也就是對群體的利益和目標都要有長遠的看法。

子帥以正，孰敢不正？

領導者除了要有廣大的胸襟和高遠的眼界外，人品也很重要。想要領導部屬，讓他們心服口服，最重要的是要以身作則。當魯國大夫季康子向孔子請教為政之道時，孔子回答：「政者正也。子帥以正，孰敢不正？」(〈顏淵〉)譬如你為人處世中規中矩、守信守時，下屬看在眼裡，自然也會跟著中規中矩、守信守時。所謂「上梁不正下梁歪」，如果你自己吊兒郎當、貪贓枉法，那下面的人有樣學樣，也跟著吊兒郎當、貪贓枉法，你想指責他們都會顯得有氣無力，這也就是孔子所說的：「其身正，不令而行；其身不正，雖令不從。」（〈子路〉）如果上位者自己行得正，那麼不用什麼命令，下屬也會做得正；但如果自己走歪路，那麼即使三令五申，下屬也不會遵從。

君子之德風，人小之德草

在另外的場合，當季康子又問要如何使下屬尊敬、盡忠而努力幹活時，孔子則回答說：「臨之以莊，則敬；孝慈，則忠；舉善而教不能，則勸。」（〈為政〉）意思是如果領導者能用莊重的態度對待下屬，他們就會尊敬你；你對父母孝順、對子弟慈祥，下屬知道了自然也會對你盡忠；你選用善良的人，又對能力差的人提供教育，大家就會互相勉勵，加倍努力。

而當季康子問：「如殺無道，以就有道，何如？」孔子對曰：「子為政，焉用殺？子欲善而民善矣。君子之德風，人小之德草，草上之風，必偃。」（〈顏淵〉）孔子認為與其用殺戮的手段來端正民風，不如領導者自己有善行，為民表率，因為上位者的品德好比風，在下的人好比草，風吹到草上，草就必定跟著倒。

舉直錯諸枉，能使枉者直

但更重要的也許在用人方面。當魯哀公問要怎樣才能使百姓信服時，孔子說：「舉直錯諸枉，則民服；舉枉錯諸直，則民不服。」（〈為政〉）提拔正直的人，擱置邪惡的人，下屬就會心服口服；反之，提拔邪惡的人，卻擱置正直的人，大家就會不服而離心離德。

有一次，樊遲向孔子請教什麼是「知（智）」？孔子回答：「知人。」樊遲不明白。孔子進一步說：「舉直錯諸枉，能使枉者直。」如果領導者能提拔正直的人，擱置邪惡的人，那不只能讓下屬信服，還可以使原本邪惡的人轉為正直無私：這是對上面說法的補充。樊遲告退後，將這番話轉告給子夏，子夏聽了說：「富哉言乎！舜有天下，選於眾，舉皋陶，不仁者遠矣。湯有天下，選於眾，舉伊尹，不仁者遠矣。」（〈顏淵〉）意思是孔子的話多麼深刻啊！舜有天下，把皋陶從眾人選拔出來，不仁的人就離開了；湯有了天下，同樣把伊尹從眾人中選拔出來，不仁的人也都離開了。由此可知，領導者選才的重要性。

懂得善用各種優秀人才

其實，一個聰明的主管不見得自己要有多能幹，而是要善用各種優秀人才，讓他們適才適任，盡量發揮。當季康子問衛靈公是個無道之君，為什麼卻沒有敗亡時，孔子說衛靈公任用「仲叔圉治賓客，祝鮀治宗廟，王孫賈治軍旅，夫如是，奚其喪？」（〈憲問〉）因為用對了人，所以即使自己不行，也還是可以有一番局面。

當然，最理想的是孔子所稱讚的：「無為而治者，其舜也與？夫何為哉？恭己正南面而已矣。」(〈衛靈公〉)所謂「無為而治」，並不是什麼都不做，而是選拔優秀的人才(皐陶就是舜的優秀下屬)，讓他們大有作為。孔子的這番見解讓人想起漢高祖劉邦所說的：「夫運籌策帷帳之中，決勝於千里之外，吾不如子房；鎮國家，撫百姓，給餽饟，不絕糧道，吾不如蕭何；連百萬之軍，戰必勝，攻必取，吾不如韓信。此三者，皆人傑也，吾能用之，此吾所以取天下也。」(《史記・高祖本紀》)從這些介紹可知，孔子當年說的雖然是「為政之道」，但對今天各個行業、各個層面的領導者來說，依然是相當實用的觀點與方法。

五美四惡——淬鍊你的團隊管理藝術

亞里斯多德說：「人是天生的政治動物。」領導革命的孫文更說：「政就是眾人之事，治就是管理，管理眾人之事，便是政治。」因為人是政治性動物，所以總是會置身於群體之中，不是要去管理別人，就是被人管理。我們前面提到的各種品德修養，都屬於自我管理的範疇，要管理別人或被人管理，需要的是不同的品質、知識與方法。前文所說的領導方式與能力，只是管理領域裡的一個重要環節，當一群人為了某個理想、目標、工作、任務而聚在一起時，為了順利運作、發揮最大效能，我們還需要更多的管理知識、方法和藝術。

是要法治？還是要德治？

《論語》裡的「為政之道」，除了提供我們不少領導的訣竅外，亦不乏跟管理有關的不錯見解。當一群人在一起工作時，跟國家必須有法律一樣，自然會有一些管理規則。「道之以政，齊之以刑，民免而無恥，道之以德，齊之以禮，有恥且格。」（〈為政〉）孔子認為如果只用法律去約束嚇阻，百姓（或員工）就會但求免於犯罪受懲，卻沒有羞恥心；只要衡量不會受罰或不會被發現，那他們就照樣違法亂紀，這其實並非好辦法。但如果是用道德和禮儀去感化百姓（員工），讓他們發自內心表現出良好的行為，在行為不檢時感到羞恥，那不管有沒有法律的規定，他們都不會做壞事，這才是有格調的上上之策。

孔子的看法就是德治勝於法治，德治治本、法治治標。但這只是理想狀況，連孔子都自承「吾未見好德如好色者」（〈衛靈公〉），我們絕不能高估多數人的德行，約束眾人行為的法律和獎懲辦法還是必要；只是我們也必須知道「徒法不足以自行」，重視和鼓勵大家培養良好的品德也是必須的，不管是國家或公司，法治與德治都要相輔相成，不能偏廢。

敬事而信，節用而愛人

要讓下屬或員工重視品德，前文已說過，最有效的辦法就是領導者以身作則：「君子之德風，小人之德草，草上之風，必偃。」（〈顏淵〉）在上位者有良好的品德，下屬也就會跟著「風動草偃」，上行下效，整個公司和團隊就自然形成一股向上的動力。

但要怎麼做呢？孔子還提出一些具體的方法，譬如「道千乘之國：敬事而信，節用而愛人，使民以時」（〈學而〉），要管理一個大國家或大公司，領導人就應該做到事事認真、對人誠信、不浪費、關愛下屬、在合適的時機指派他們。大家看在眼裡，知道你是個有品德、有見識的上司，自然會信任你，願意為你付出。

有些人認為有競爭和批評才會有進步，因此鼓勵員工彼此競爭，甚至喜歡聽小報告。孔子對此很不以為然，他說：「**聽訟，吾猶人也。必也使無訟乎！**」（〈顏淵〉）團隊最重要的是彼此沒有猜忌、能合作無間，所以最好是大家一團和氣，彼此沒有紛爭，有爭執也是光明磊落為之，千萬不可、也不要鼓勵暗地裡放冷箭。

好主管應具備的「五美」

當子張向孔子請教要怎樣才可以治理政事時，孔子提出「尊五美，屏四惡」的觀點。所謂「五美」，指的是身為主管要具備的五種優點：「**君子惠而不費，勞而不怨，欲而不貪，泰而不驕，威而不猛。**」（〈堯曰〉）在子張的追問下，孔子又做了扼要的說明。

所謂「**惠而不費**」，是說如果你交代下屬去做的是對他們有利的事，那他們就很樂意去做，你根本不必再多支出一筆經費。「**勞而不怨**」是說選擇下屬方便的時間和能力範圍內的事讓他們去做，就不會招來抱怨。「**欲而不貪**」是要懂得盡量滿足下屬的欲望，但也不能讓他們貪得無厭。「**泰而不驕**」是說在對待下屬或他人時，不論對方地位的高低，自己都要莊重以待而不傲慢。「**威而不猛**」則是說自己的言行舉止有威嚴，但卻又和藹可親。

好主管要避免的「四惡」

「四惡」指的則是身為一個主管應該避免的四種缺點：「不教而殺謂之虐；不戒視成謂之暴；慢令致期謂之賊；猶之與人也，出納之吝，謂之有司。」在子張的追問下，孔子同樣做了扼要的解說。

當下屬無心犯錯時，不經過勸導和教化，就加以嚴懲、革職，這叫做「虐」。交給下屬任務，但卻不先給予輔導告誡、提供協助，便要求務必成功，這叫做「暴」。交給下屬的工作，不好好加以監督、評量，卻突然要求他一定要限期完成，這叫做「賊」。當下屬完成任務後，要給他獎賞，卻出手吝嗇，這叫做「小氣」（有司）。

雖然時代不同，但孔子的這套「五美」與「四惡」的管理哲學依然擲地有聲，適用於多數行業的經營者。

不患寡而患不均

每個公司或團隊的體質和情況都不同，但不管是在蓬勃發展或是艱難延續，如何維持同仁的向心力也是管理者重要的責任。孔子說：「丘也聞有國有家者，不患寡而患不均，不患貧而患不安。」

（〈季氏〉）這雖然是在說治理國家，但對管理現代的公司應該也一體適用，問題在什麼叫做「均」？這個「均」並不是只「均分」——大家分得一樣多，而是要「各得其份」，每個人都得到跟他的努力、功過相符的一份。如果能做到這一點，那麼即使公司再困難，大家分得再少，也不會有怨言，不會滋生不安；在「有福同享，有難同當」的一體感之下，克服困難就不再是太困難的事。

另外，前面提到公司同仁之間最好能一團和氣，但沒有紛爭，不是和稀泥，而是每個人都堅守自己的崗位，做自己分內該做的事，所謂「君君、臣臣、父父、子子」（〈顏淵〉），主管要像個主管、下屬要像個下屬；「不在其位，不謀其政」（〈泰伯〉），不要越權或越位去干涉、批評並非自己職責的事，大家在各守本分的基礎上合作無間，才是理想的團隊精神。

美國職籃巨星喬丹說：「才藝贏得比賽，但團隊和智慧則贏得冠軍。」如果你需要一個團隊來實現你的夢想，那麼你就需要有足夠的管理智慧，讓團隊發揮它的力量。

允執其中——合乎常理的中庸之道

為人處世，最難的是要做到恰到好處：思想觀念不能太固執，但也不能太跳脫；行事作風不可太保守，但又不可太開放；人際關係不宜太親密，但也不能太疏遠；待客之道不必太鋪張，但也不能太吝嗇……。要如何拿捏，實在讓人傷腦筋。特別是在「定量」方面，很難做明確的規範，因為它們常因人、因事、因時而有所變化；但在「本質」上，「中庸之道」則是我們必須把握的原則。

超過與不及，兩者都不好

孔子說：「中庸之為德也，其至矣乎！民鮮久矣。」（〈雍也〉）意思是中庸乃是一種至高的德行，可嘆一般人欠缺這種德性已經很久了。那「中庸」是什麼意思呢？「中」意指不偏頗、不偏不倚、無過無不及；至於「庸」，有人說是不易，有人說是尋常，有人說是用；但不易之理也就是尋常之理，所以「中庸之道」應該就是「中道」或「常道」——最高的德行其實也是最尋常的道理，因為「平常」就是最難以繼續與維持的境界。而中「用」或「用」中，就是在運用中道，意思基本上是一樣的。

中庸之道針對的主要是為人處世，那什麼是不偏不倚呢？子貢曾經問：「師（子張）與商（子夏）也孰賢？」孔子回答說：「師也過，商也不及。」子張超過了些，子夏則有所不及。子貢又問：「然則師愈與？」那麼是子張比較好了喔？孔子回答：「過猶不及。」（〈先進〉）子張的超過和子夏的不及都不好。一般人通常會認為「超過」比「不足」來得好（特別是好德性），但孔子卻認為兩者都不好，因為都有所偏頗，都不符合中道。

與其超過，寧可不足

在某些情況下，針對某些項目，孔子甚至認為「超過」比「不足」還要來得不好，譬如他說：「奢則不孫，儉則固。與其不孫也，寧固。」（〈述而〉）孔子認為奢侈就顯得不謙遜，節儉又顯得寒酸，但與其不謙遜，寧可寒酸。

有些原本是好事，但如果過度也就會變成壞事，譬如他說：「人而不仁，疾之已甚，亂也。」（〈泰伯〉）看見有人做了不仁德的事情，出面規勸制止，也是應該的，但若逼迫得太厲害，就會出亂子。「禮」也是一樣，太過多禮，就會顯得矯情，讓人懷疑是否別有用意。他的弟子子游也說：「事君數，斯辱矣；朋友數，斯疏矣。」（〈里仁〉）事奉君主若太過繁瑣親密，就會遭受羞辱；對待朋友太繁瑣親密，也會被疏遠。

執其兩端，而用其中于民

但要如何恰到好處呢？首先，要想奉「中道」而行，就要先知道什麼是「兩端」。《論語》提到，堯要傳位給舜時，勸舜要「**允執其中**」（〈**堯曰**〉），意思是真誠秉守不偏不倚的中道。其實不僅治理國家如此，其他各方面也都應該這樣。

在後來的《中庸》一書裡，孔子稱讚舜在治理國家時是「執其兩端，而用其中于民」，也就是先了解凡事都有兩個極端（高與低、過與不及等），對它們都有掌握，但卻不走極端，選擇「中道」而行，也就是要「執兩用中」。

這種「執兩用中」不只是為人處世的最高境界，更是我們達到此一境界的方法與原則。但你一定要先知道自己是位於兩個極端的哪一邊、哪一個點，然後才能夠有所調整。但所謂「中」，並不是將兩個極端相加除以二，然後得到一個「中間點」；而是能達到平衡、和諧的「中」。它不是一個「定點」，而是指「適度」或一個「合宜的範圍」，會因人、因時、因環境而有所出入。譬如對幸福的追求，幸福可以分為個人幸福與集體幸福兩大範疇，它們就好像兩個極端，如何在追求個人幸福和集體幸福之間取得一個平衡點，就是你追求幸福的中庸之道，而這個平衡點是會隨著你的年齡而一再挪移的。

孔子所舉的兩種中庸之道

中庸之道的動態性還不只於此，當子路問：「聞斯行諸（聽到了就要行動嗎）？」孔子回答：「有父兄在，如之何其聞斯行之？」意思是要子路先聽聽父兄的意見，不能自己隨意而行。但當冉求也來問同樣的問題時，孔子卻回答：「對，就是要『聞斯行諸』。」公西華感到不解，問為什麼對兩個人的回答不同？孔子說：「求也退，故進之；由也兼人，故退之。」（〈先進〉）意思是他觀察到冉求行事總是退縮不前，所以鼓勵他，要他積極一些；而子路好勇過人，所以就約束他，要他退一步多想一些。

這除了表示孔子在對學生「因材施教」外，也為中庸之道的動態性，還有要如何「執兩用中」提供了具體的方法。

《左傳》更記載，當鄭國的子產把國政交給子太叔時，曾為他剖析寬厚與剛猛政策之利弊。子太叔本來採用寬厚的政策，結果盜匪四起，於是心生後悔，又改採剛猛的政策，將沼地的盜匪全數剿滅。孔子對這件事發表看法說：「善哉！政寬則民慢，慢則糾之以猛；猛則民殘，殘則施之以寬；寬以濟猛，猛以濟寬，政是以和。」在這裡，中庸之道不是靜態的某個點，而是要拉長時間來看，它是剛猛相濟與相繼的動態關係。

用智慧去判斷，用禮去衡量

古希臘的哲學家也講「中庸之道」。亞里斯多德在為道德尋求定義時，認為只有在兩個極端之間求得適當的中道，才是「道德」，譬如「勇敢」是「怯懦」和「魯莽」這兩個極端之間的中道，而「節制」則是「吝嗇」與「浪費」這兩者之間的中道。這跟孔子的看法其實差不多，只是亞里斯多德認為什麼是中道，又要如何達到中道，必須靠個人的智慧去判斷、琢磨；而孔子則認為「禮」才是它最佳的參考指標。

在《禮記．仲尼燕居》裡，孔子說：「夫禮所以制中也。」禮就是讓行為表現得恰到好處的一個依據，從前面的介紹可知，像仁、義、勇等美德也都要受到禮的規範，才能有最合宜的表現。這聽起來似乎太老生常談了，但「中道」就是「常道」，有禮有節、近情近理，就是中庸之道，最尋常的其實也是最難做到與持續的。

做為一個現代人，在這個問題上要想「執兩用中」，最好是看看「禮」怎麼說，然後再用自己的智慧做判斷，找出最適合自己的「中道」。

和諧與平衡才是可長可久的最佳狀態

孔子的中庸之道追求的是和諧與平衡。和諧與平衡其實也是所有生物體的最佳狀態，應該也是個人、群體、社會、國家、世界所應該追求、所能達到的最佳狀態。而這個最佳狀態其實就是最尋常的狀態，因為中庸之道就是「常道」，最尋常的道理；和諧與平衡就是最尋常的狀態。

在當今社會，很多人為了吸引注意，而故意走偏鋒，以極端的方式引人側目，雖然能達到一時的效果，但來得快去得也快，因為極端必然是「無以為繼」的，也無法做為「常道」的。我們要走得久、走得遠，而且走得好，就要走中庸之道，平平常常、近情近理，看似簡單，卻是難以達到的至高境界。

致中和——從不同與對立中創造和諧

社會由各式各樣的人所組成，每個人的觀念、品性、目標、利益都不一樣，甚至南轅北轍，如果經常發生衝突，那社會必定也跟著動盪不安，而大家也都隨之受到連累。因此，如何建立一個和諧的社會，不僅是我們追尋的目標，更是大家的責任，因為只有在和諧的社會裡，個人才能得到最無礙、最充分的發展。

「君子和而不同」的真諦

但和諧並不是相同——要求大家的想法、目標、做法都一樣，這是在扼殺個人的主體性與差異性，不僅不人道，而且根本做不到；即使看似做到了，也只是表面上的「假和諧」。對於這個問題，孔子提出一個精闢的見解，他說：「君子和而不同，小人同而不和。」（〈子路〉）意思是才德兼備的君子與人和諧相處，但依然保有自己的人格和看法（不同於他人）；而德薄能鮮的小人則迎合他人的觀點，但卻因私利而經常和他人發生衝突（不和諧）。孔子不僅清楚指出「和諧」並不是「相同」，而且還強調是用「不同」的東西來製造和諧、維持和諧。

所謂「物以類聚」、「臭味相投」，要和觀念、品味、作風相同或類似的人和諧相處比較簡單，但如果彼此差別太大，則不僅「話不投機半句多」，互相看不順眼，甚至還會演變成「不共戴天」，要和諧相處的確不容易；但也不是不可能，其實只要改變一下想法，學習一些技巧，就能化不可能為可能。下面就是孔子提供的幾種方法。

自然乃是用不同的東西來製造和諧

首先，我們要學習效法自然。孔子說：「大哉，堯之為君也！巍巍乎！唯天為大，唯堯則之。」(〈泰伯〉)堯效法崇高偉大的天(自然)，而成為萬民景仰的聖君。孔子雖然沒有指名堯效法的是什麼，但自然界的確有很多值得我們學習之處，其中之一是自然乃是用不同、甚至對立的東西來製造和諧，譬如高山與大海、平原與沙漠、動物與植物、白天與黑夜、紅花與綠葉、雄與雌、老與少等等，就是這些不同、甚至對立的組合，讓人讚嘆自然的豐富、美妙與和諧。

人類社會也一樣，不同的民族、不同的宗教信仰、互別苗頭的價值觀、對立的政治意見、五花八門的風俗習慣、南轅北轍的生活態度，都是構成社會豐富、美妙與和諧的必要素材，我們不僅不應排斥，而且還要張開雙臂，歡迎它們。

子絕四：毋意，毋必，毋固，毋我

其次，我們還要培養開放的心靈。《論語》裡提到：「子絕四：毋意，毋必，毋固，毋我。」（〈子罕〉）孔子杜絕四種毛病：不主觀臆測，不絕對肯定，不固執己見，不存在自私之心。一般人在發現別人的觀點或作風和自己不一樣時，通常都會自以為是、固執己見，認為自己的觀點和做法完全正確，然後主觀認為對方的看法和作為不是譁眾取寵、心懷不軌就是愚不可及，結果當然是愈看愈不順眼，雞兔難以同籠。

孔子教我們在和別人接觸時，要懂得放空自己，保持開放的心靈，不可先入為主地將對方貼上某種標籤，先好好聽完對方的陳述，再嘗試去了解對方真正的心意，這樣就能減少不必要的誤解、敵意與摩擦。不只對人如此，對各種事物、思潮、活動也都應該如此，這樣你才能由排斥轉為了解、包容、接納。

對多樣性、差異性表示尊重與欣賞

第三，要對各種多樣性與差異性表示尊重與欣賞。當發現別人的觀點與作風跟自己截然不同，甚至讓你無法苟同時，你也應該表示尊重。要做到這點，就要發揮你「仁」（愛人）的美德，要將心比心，你有你的觀點，別人同樣也可以有他的觀點；你不希望別人任意誣衊你的觀點，那你也不應該隨便誣衊他人的觀點，也就是「己所不欲，勿施於人」。

更進一步，你認為你的觀點很好，想要推廣它；別人也有權這樣做，甚至還要彼此祝福對方成功，也就是「己欲立而立人，己欲達而達人」。而對各個民族、文化、宗教的差異，除了相互尊重外，我們更應該學會彼此欣賞，大家共存共榮，就像《中庸》所說：「萬物並育而不相害，道並行而不相悖，……此天地之所以為大也。」

以君子之爭帶動社會的進步

第四，以君子之爭帶動社會的進步。和諧絕不是和稀泥，大家都做好好先生；如果為了避免衝突，就息事寧人、雨露均霑，對什麼都說好，那麼社會和個人就會停滯不前。社會要進步就一定要有競爭，理想的競爭之道就好像孔子所說的射箭比賽：「揖讓而升，下而飲，其爭也君子。」（〈八佾〉）讓不同的人、各種才能、主張、技術在公平而不傷和氣的情況下互爭雄長，贏者贏得精采、輸者也輸得光榮，由脫穎而出者獨領風騷，或彼此合作協調，將文明推向另一個高峰，也就是在和諧穩定中求發展。

與狂狷之士為伍就是「和」

孔子說：「不得中行而與之，必也狂狷乎！狂者進取，狷者有所不為也。」（〈子路〉）如前文所說，奉行中庸之道是為人處世的至高境界，但能永遠處於這種境界的人少之又少，退而求其次，就要和狂狷之士為伍。所謂「狂者」是「敢做敢為」（進取），而「狷者」則是「有所不為」，他們是截然不同的兩種人，但孔子卻希望能與這兩種人為伍，這其實就是「和」——包容兩種對立的東西，而這也正是《中庸》裡說的：「中也者，天下之大本也；和也者，天下之達道也。致中和，天地位焉，萬物育焉。」

以開闊而包容的心胸去實現社會和諧，讓每個人都安居樂業，並得到充分的發展，就叫作「致中和」，它是孔子的理想，也是我們應該追求的目標。

肆

在流變中，構築多彩的人生

「義然後取，人不厭其取」，不要排斥符合道德的富貴與名利，日本的近代實業之父澀澤榮一說：「算盤要靠《論語》來撥動；《論語》也要靠算盤才能從事真正的致富活動。」

孔子是一個既能堅守原則、又能保持彈性的人。「有教無類」與「子以四教：文、行、忠、信」是他的教育原則，「因材施教」則是他的彈性做法。

「吾十有五而志於學，…四十而不惑，…七十而從心所欲，不踰矩。」孔子在他生命歷程的幾個關口都做了正向的選擇，這使他的人生顯得豐富多采而又充滿意義。

「知者樂水，仁者樂山；知者動，仁者靜；知者樂，仁者壽」，智者與仁者看似有著不一樣的人格特質與生活品味，但只有兼容並蓄兩者，才能有圓滿的人生。

天命靡常——打好老天給你的這副牌

「一分耕耘，一分收穫」、「禍福無門，唯人自召」等古老的格言告訴我們，我們在這個塵世的成敗、窮達與禍福是掌握在自己的手中，但人生的實際閱歷卻也一再提醒我們，一個人的成敗、窮達與禍福，往往和他的才智、努力、德行、作為不成比例，似乎還受到某些神祕因素所左右，這些神祕因素就是一般所說的「命運」。

從古人的「一命二運三風水，四積陰德五讀書」，到現代人的「三分天注定，七分靠打拚」，不管命運在個人人生的起落中占有多少比重，你對命運的看法顯然會影響你的生命追尋。但我們又要怎麼看待命運呢？

孔子「知命」的真正涵義

孔子說：「不知命，無以為君子也。」（〈堯曰〉）從這句話可知，孔子顯然是相信「命」的存在。

但「知命」只是「知道有命的存在」而已，並不代表孔子想要去「探究命的運作法則」，在這方面，孔子是個不可知論者。既然不可知，他對算命和各種算命、窺命的方法自然也就沒興趣。

重點是什麼叫作「命」？對孔子來說，「君子不以在我者為命，而以不在我者為命」，也就是「命」指的是並非自己能決定，但卻能決定自己人生的各種因素。譬如你會有什麼樣的父母、生存在什麼樣的環境中、遇到什麼樣的上司，這些都不是你能決定的，但卻能決定你的人生，這才是「命」的範疇。

孔子的得意門生子夏還說：「商聞之矣：死生有命，富貴在天。」（〈顏淵〉）如果他是聽孔子說的，那麼孔子顯然也相信一個人的生死禍福、貴賤窮達等，有相當比例都不是自己能決定的，不過這跟一般人所認為的「命中注定」還是有很大的差距。

「知命」可以撫慰傷痛、減少挫折感

「子罕言利與命與仁」（〈子罕〉），所以「命」其實是孔子很少談論的議題，因為既然不可知、不是自己能決定的，那麼多談也無補於事。

但如果我們考察孔子談到命的場合，譬如當伯牛生病時，孔子去探望他，從窗外面握著他的手說：「亡之，命矣夫，斯人也而有斯疾也！斯人也而有斯疾也！」（〈雍也〉）他顯然是把伯牛的生病和即將到來的死亡視為「命」。又譬如當他最得意的弟子顏回死時，孔子悲嘆：「噫！天喪予！天喪予！」（〈先進〉）後來又對魯哀公說顏回「不幸短命死矣」（〈雍也〉），這也是把顏回的不幸早死視為「命」。而子夏也是在司馬牛憂愁「人皆有兄弟，我獨亡」時，才說出「死生有命，富貴在天」那番話的。

由此可知，孔子及其弟子大多是在遇到不如意的事或遭受打擊的時候，才將那些不如意和打擊歸之於「無可奈何」與「人力不可挽回」的命運。這樣想、這樣做對於撫慰傷痛、減少挫折感具有相當大的功效，也更容易讓心靈恢復平靜，重新出發。

更多事情是完全操之在我

但孔子顯然也不認為凡事都會受「命」的左右，他相信有更多事情主要是由個人的努力所決定，否則他也不必從年輕時代就「志於學」、「志於仁」、「志於道」；說什麼「富而可求也；雖執鞭之士，吾亦為之」（〈述而〉）。基本上，他還是認為很多事情的成敗、得失都是掌握在個人手中，由個人的選擇與努力而定。

孔子還曾提到南方人的一句箴言：「人而無恆，不可以作巫醫。」然後提到《易經．恆卦》的爻辭：「不恆其德，或承之羞。」人如果不恆常保持他的德行，羞辱就會跟著來。最後又做了評語：「不占而已矣。」（〈子路〉）意思是沒有恆心的人根本不用替他占卜，或不用占卜也知道結果。易卦是古人用來「窺探」天機、命運的重要方法，從前後文意可知，孔子認為要判斷事情的成敗，主要看個人是否努力、有恆，至於卜卦是怎麼一回事，那就如同鬼神，他是「敬而遠之」的。

孔子為何「五十而知天命」？

「命」指涉的範圍其實相當廣泛。孔子說：「君子有三畏：畏天命，畏大人，畏聖人之言。」（〈季氏〉）這個「畏」不是害怕，而是敬畏、嚴肅看待，但什麼是「天命」，又要如何嚴肅看待呢？孔子在提到他的生命歷程時，曾說：「五十而知天命。」（〈為政〉）考察他在五十歲左右的經歷可知：孔子在四十多歲時，曾有兩次從政的機會，但因當時魯國政權掌握在大夫家臣手中，他不想淌渾水而回絕了。五十一歲時，他被任命為中都宰，一年後又由小司空升為大司寇，攝相事，政績卓著。但隨後他與當朝三個豪族的矛盾日益加深，加上魯定公迷戀美女歌舞，讓孔子非常失望，而在罷官後的五十五歲，就帶著弟子離開魯國，開始周遊列國的旅程。

這些經歷讓他覺得個人即使有再好的才華、再多的努力與再高的抱負，但如果老天的意旨（天命）是要讓你遇上昏庸的上司與跋扈的同事，那你也只能徒呼奈何。個人的命運和國家的命運環環相扣，他深刻感受到「天命」的威力。

在命運面前，知其不可而為之

但這只是部分的故事。孔子並沒有因此而變得消極被動，就此隨波逐流，聽從「天命」的安排，所謂「邦無道，富且貴焉，恥也」（〈泰伯〉），他毅然離開魯國官場，轉而到其他國家去尋找施展抱負的機會。雖然了解到「天命」的存在，但因為不知道它的走向（也沒辦法知道），所以只能「盡人事」，做自己應該做的事，而這也正是後來孟子所說的：「夭壽不貳，君子修身以俟之，所以立命也。」在周遊列國時，孔子甚至還認為倡導、恢復周朝的禮樂文化，乃是上天交付給他的使命，所以才會說：「天之未喪斯文也，匡人其如予何？」（〈子罕〉）這其實也是另一種「知天命」。

不過在東奔西走十多年後，他又慢慢了解到整個大環境不利於他的政治主張，而想起以前自己所說的：「道之將行也與？命也。道之將廢也與？命也。」（〈憲問〉）但即使這是老天的意旨，他還是要「知其不可而為之」（〈憲問〉），做自己認為應該做的事。要把孔子說成像希臘神話裡不甘心接受命運的安排，起來反抗命運，最後又被命運所毀滅的「悲劇英雄」，也許是太誇張了點，但在無情的命運之前，他那「知其不可而為之」的選擇，卻也彰顯了他做為一個人的尊嚴與榮耀。

「天命不易」與「天命靡常」

關於命運，中國自古就有「天命不易」與「天命靡常」兩種說法，「天命不易」是說老天給你的命是不會改變的，而「天命靡常」則說它是無常的，也就是可以改變的。看似矛盾的兩種說法其實代表了老祖宗的特殊智慧：我們一方面要以「天命不易」來安慰自己的種種不如意，一方面又要以「天命靡常」來激勵自己，為創造美好的未來而重新出發。

如果人生是一場又一場的牌戲，那麼，你會拿到什麼牌是你的命，什麼人會來和你打牌是你的運；要如何打好手中的牌則是你的自由，也靠你的本事。牌戲的結果有命運的成分，但你應該更期待也更在意自己能掌握的那一部分，孔子就是這樣做的，也許這才是我們對命運該有的看法。

富貴有道——物質與精神上的豐收

有人說：「看那江上的船，路上的人，來來往往，熙熙攘攘，無非是為名而來，為利而往。」這話說得也許太直白了點，但不管你人生追尋的是什麼，在進一步的分析後，都擺脫不了跟名與利的關係（即使只是附帶的收穫）；而且，有名有利還能使你的人生追尋更得心應手。「名利雙收」的另一個說法是「富貴兩全」，即使以此為人生追求的目標，也沒有什麼好奇怪的，「求名當求萬世名，計利當計天下利」。在面對名與利、富與貴時，我們不必忸怩作態，重要的是你是如何得到名利與富貴，又要用你的富貴與名利做什麼？

孔子對富貴與名利的基本看法

孔子並不避諱富貴與名利，他大方承認：「富與貴，是人之所欲也。」（〈里仁〉）而且還說：「富而可求也；雖執鞭之士，吾亦為之。」（〈述而〉）如果當車伕可以致富，那他也樂意去做。追求富貴乃人之常情，沒有什麼不好或不對，而且職業無貴賤，只要正當，靠工作致富也是值得鼓勵的。

孔子還認為：「邦有道，貧且賤焉，恥也。」在太平盛世如果你依然貧賤，那表示你並沒有認真去發揮所長，乃是可恥的事。反之，「邦無道，富且貴焉，恥也」（〈泰伯〉），在政治昏暗的亂世，你靠混水摸魚、巧取豪奪而富貴，也是可恥的事。

算盤要靠《論語》來撥動

所謂「義然後取，人不厭其取」（〈憲問〉），只要是符合道德的富貴與名利都可以接受，不僅別人無話可說，你還可以運用它們做一些好事。原思在孔子家當總管時，孔子給他俸米九百，原思推辭不要，孔子對他說：「毋！以與爾鄰里鄉黨乎！」（〈雍也〉）意思是勸原思不要推辭，即使自己用不完，可以把多出來的捐助他的鄉親們。

由此也可知，如果說孔子有富貴之心，那也是希望用他的富（利）與貴（名）去施展他的抱負，就好像日本的近代實業之父澀澤榮一在《論語與算盤》一書裡說的：「算盤要靠《論語》來撥動；同時，《論語》也要靠算盤才能從事真正的致富活動。」

不義而富且貴，於我如浮雲

孔子並不排斥富貴，但「君子愛財，取之有道」，他要強調的是「不義而富且貴，於我如浮雲」

（〈述而〉），我們絕不能為了追求富貴而做出違背良心、不符合自己價值觀的事情來。「如不可求，從吾所好」（〈述而〉），如果富貴難以強求，那還是聽從自己生命的鼓聲，做自己喜歡的事。

當然，我們也不能為了擺脫貧困，而做出狗屁倒灶、不道德的事，當孔子與眾弟子在陳國身陷斷糧的困境，大家都餓壞了時，子路不高興地問孔子：「君子亦有窮乎？」孔子回答說：「君子固窮，小人窮斯濫矣。」（〈衛靈公〉）意思是小人一旦被窮所困，就會胡作非為，但君子依然要堅持他的原則。

最好是「貧而樂，富而好禮」

不管原因為何，人最後總是有貧有富，如何看待自己與別人的貧富則是另一個重要的問題。對於貧富，孔子說：「貧而無怨難，富而無驕易。」（〈憲問〉）這表示他相當了解人類心理，一個人在缺錢時，心情惡劣，看什麼都不順眼，難免會有一堆抱怨；但在有錢後，心情愉快，自然就較容易表現出好的一面。

一般人的心理是「欺貧媚富」，子貢覺得一個人如果能「貧而無諂，富而無驕」就已經很不錯，但孔子認為這樣還不夠，更理想的境界應該是「貧而樂，富而好禮」（〈學而〉）。要富有的人不表現驕傲、不瞧不起窮人；要窮人不去諂媚、巴結富人也許也不難，但要富有的人能夠愛好禮節，而窮人又能「樂在其中」，雖然更值得讚賞，卻不是容易的事。那要怎麼做呢？根本之道在於改變我們對貧富與貴賤的傳統觀念。

追求精神之「富」與心靈之「貴」

孔子說：「君子謀道不謀食……，君子憂道不憂貧。」（〈衛靈公〉）又說：「士志於道，而恥惡衣惡食者，未足與議也。」（〈里仁〉）一個人如果有崇高的理想，以追求真理或實現先王之道為目標，這也是一種「富」——心靈的富有。心靈富有後，不僅不會在意物質生活，而且還能跟子路一樣心中產生一股正氣，穿著破舊的袍子和穿狐貉大衣的人站在一起（衣敝縕袍，與衣狐貉者立〈子罕〉），依然挺直脊梁，周旋於富貴王侯之間，一點也不會覺得丟臉，更有一種來自高貴心靈的「貴」氣。

孔子說他自己：「飯疏食，飲水，曲肱而枕之，樂亦在其中矣。」（〈述而〉）同時又稱讚顏回：「賢哉回也！一簞食，一瓢飲，在陋巷，人不堪其憂，回也不改其樂。賢哉回也！」（〈雍也〉）師徒兩人不只安貧，而且還「貧而樂」，究其原因，都是因為他們有崇高的理想和美好的德性，讓他們感覺精神上的富有與心靈上的高貴。

給貧富與貴賤一個新的定義

雖然貧富有別，但貧窮並不可恥，而富有更非罪惡，我們實不必對它們有過多的情緒渲染，就像美國報人洛里默（George Lorimer）所說：「有錢是好事；但如果能檢查一下，確定自己沒有因此喪失金錢買不到的東西，更是好事。」其實，何謂「貧」？何謂「富」？什麼是「貴」？什麼是「賤」？以金錢的多寡或物質享受來衡量顯得既狹隘又庸俗，有人是「貧而貴」，但有人卻「富而賤」。像顏回，從世俗的觀點來看，無疑是「物質上的窮人」，但他卻是「精神上的富貴之人」。文學家愛默森（Ralph Emerson）說：「沒有一顆豐饒的心，財富只是一個醜陋的乞丐。」而獲得諾貝爾和平獎的泰瑞莎修女（Mother Teresa）更說：「沒有愛和沒有人愛的人，才是世界上最窮的人。」如果你能像孔子、愛默森、泰瑞莎一樣給「貧富」、「貴賤」更豐富的定義，那你的人生就會更「富有」、更「高貴」。

樂觀解釋——讓失敗散發成功的芬芳

如果可能，相信大多數人都會選擇以樂觀的心態來看待人生。但一段時間過後可能會發現，自己的人生並沒有因此而變得更美好。這牽涉到幾個因素，首先，所謂「樂觀心態」，並非什麼事都往好的一面去想，譬如每天告訴自己說「世界會變得更美好」、「我一定會成功」、「世上無難事，只怕有心人」等等，然後就能夠心想事成。如果你抱持的是這樣的一種想法，那未免天真過了頭。

關鍵在於對挫折的解釋型態

根據現代心理學的研究，就像正向心理學之父塞利格曼（Martin Seligman）所說：「一個人對挫折的解釋型態，才是樂觀與否的真正考驗。」也就是說，當你在遭遇挫折、失敗與各種橫逆時，你對它們的解釋、對自己的觀感、還有接下來要怎麼做等等，才是衡量你是一個「樂觀者」或「悲觀者」的關鍵所在。

孔子一生最大的夢想是希望能實現他的政治抱負，但客觀來說，這也是他一生最大的挫折所在，有人即據此而認為孔子是個「挫敗者」。其實，不管你如何偉大、如何成功，以浩瀚的宇宙時空來衡量，你依然是個「挫敗者」，重要的不是你有多挫敗，而是你對這些挫敗的反應。本書一開始即表明孔子是個正向心理學裡的「樂觀者」，下面我們就從孔子對自己在政治上挫敗的看法，來檢驗他的心態。

孔子認為挫敗只是暫時性的

第一，孔子認為挫敗只是暫時性的：當他覺得在魯國無法施展他的抱負後，他毅然離開自己的母國，到其他國家去尋找機會，在齊、衛、陳、楚等國各待過一段時間，向國君及重臣宣揚他的政治理念，也擔任過一些官職。

雖然這些努力最後多以失望終場，但孔子始終認為挫敗只是暫時性的，所以才會「周遊列國」十四年，正是「此壺不開那壺開」、「此處不留人，自有留人處」。在一個國家遭受挫敗後，他依然充滿信心、滿懷希望地到別的地方去尋找實現夢想的機會。

一件事失敗不代表其他事都失敗

第二，他認為挫敗只是個別性的：雖然在仕途上不如意，但並不表示他在其他方面也都失敗。

事實上，他在教育方面可說相當成功，在周遊列國時，更帶著一群弟子同行，儼然陣容浩大的古代遊學團，在考察各國民風與政情的同時，依然弦歌不輟；當宋國司馬桓魋要來追殺他時，他還在樹下和弟子演練周禮的儀式。

因為教育有成，所以後來他有好幾個弟子都在各國擔任大小不一的官職，多少實現了他在政治方面的理想。孔子還說：「吾不試，故藝。」（〈子罕〉）因為他在政治上沒有受到重用，所以反而讓他有時間學會了很多技藝，正是所謂「失之東隅，收之桑榆」。

挫敗主要來自外在因素

第三，他認為挫敗主要來自外在因素：孔子對自己的施政能力相當有自信，除了在擔任魯國司寇時政績斐然外，他更說：「苟有用我者，期月而已可也，三年有成。」（〈子路〉）可惜的是因為有些國君沉迷酒色、胸無大志（如魯定公、衛靈公），有些國家的重臣不想讓孔子得勢而掣肘（如齊國的晏嬰、楚國的子西）。

總之，他之所以無法實現他的政治抱負，並非他個人的能力不足，而是外在的橫逆與所遇非人才使他有志難伸，無法一展所長。

失敗是老師，而不是掘墓人

從上面這三點可以清楚看出，孔子對自己政治挫敗的看法，完全符合當代正向心理學所說樂觀者的解釋型態，也就是認為挫折或失敗只是暫時性、個別性與外在因素造成的，沒有心灰意冷的必要，只要重整旗鼓、重新出發，前途依然是一片光明。

古今中外不少傑出人士也都有類似的看法，譬如發明大王愛迪生說：「我沒有失敗，我只是發現一萬種無效的方式。」福特汽車公司的創辦人福特說：「失敗是讓我們更明智地再度開始的機會。」美國勵志作家、演說家吉格拉（Zig Ziglar）也說：「記住，失敗的是一件事，而不是一個人。」演說家魏特利（Denis Waitley）更說：「失敗是我們的老師，而不是我們的掘墓人。」只有以這種心態來看失敗，你才能愈挫愈勇。

一個「成功的失敗者」帶來的啟示

每件事情的成敗都牽涉到很多因素，沒有人能掌握全部的真相，也無從確定「真相」是什麼，我們所能做的只是「解釋」。以樂觀的心態來解釋失敗和挫折，也許並非真相，但心理學的研究告訴我們，在後續發展上，樂觀的解釋比悲觀的解釋能帶來更好的成果。如果你想讓人生愈變愈好，那你就必須學會對一時的挫敗做樂觀性的解釋。

從某個角度來看，孔子也許是個「失敗者」；但不管從什麼角度去看，孔子都不是一個「失敗主義者」；兩者的差別就在於你怎麼看成敗和人生。只要自己盡力而為，那麼即使在世俗的眼中是「失敗」了，但對自己而言依然是「成功」的；只要從「失敗」到「失敗」都能不喪失理想與熱情，那就是「成功」。各別事情的成敗如此，整個人生的成敗亦復如是，這也是孔子這個「成功的失敗者」所教給我們關於人生的一個重要哲理。

名實相符——得到真正的尊嚴與滿足

人生在世，所做所為，除了自己滿意外，如果還能得到他人的讚譽、社會的肯定，那當然是更加理想。一個人能聲名在外並非什麼壞事，自己有榮譽感更是好事，但更重要的是社會的肯定、大家的讚譽，必須和你真正的表現名實相符，就好像科學家牛頓所說：「一個人的尊嚴並非在於獲得的榮譽，而在於本身值得這榮譽。」只有名實相符，才能讓自己當之無愧、心安理得。不只名聲，其他有表有裡的事項也都要在表裡如一的情況下，才能讓人得到真正的尊嚴與滿足。

孔子重視名聲，但必須實至名歸

孔子自己就說：「君子疾沒世而名不稱焉。」（〈衛靈公〉）不管他說的是死後之名或生前之譽，都表示他希望能得到社會的肯定，擁有好名聲；但前提是必須是實至名歸的肯定才具有真正的意義，所以孔子還說：「君子病無能焉，不病人之不己知也。」（〈衛靈公〉）做為一個君子，真正要擔心的是自己有沒有才能去得到名聲，而不必擔心別人是否知道自己，自己有沒有名聲。

如果能夠有與才能表現相符的名聲當然也不錯，但即使沒有名聲也無所謂，「人不知而不慍，不亦君子乎？」（〈學而〉）因為名聲乃是身外之物，不必刻意去營求，如果你太在意名聲，想沽名釣譽，那就很容易為了給人好印象而專做表面工夫，製造假相；甚至為了投世俗之所好，而違背了自己的信念與做人應有的品德，這反而是孔子所不齒的。

有好名聲的也許只是偽君子

當子張問：「士何如斯可謂之達矣？」讀書人要如何才能稱為「達」？孔子先問他的「達」是什麼意思？子張說那是指「在邦必聞，在家必聞」，也就是在不管國內和或家鄉都擁有名聲。但孔子認為「是聞也，非達也」，這樣只是「名聲」，而非「通達」。然後進一步向子張解釋，真正的「達」是「質直而好義，察言而觀色，慮以下人」，也就是要品格正直、遵從禮義，善於理解別人而又謙恭待人。這樣的達人並不一定會有好名聲，但如果「色取仁而行違，居之不疑」（〈顏淵〉），只是在外表裝出「仁」的樣子，行動卻違背了「仁」，而自己對外還以「仁人君子」自居，一點也不覺慚愧，這樣的人就一定會在國內和家鄉都擁有虛假的好名聲。

孔子的這番話除了告訴我們真正的「達」是實質要重於名聲外，更提醒我們，當你遇到一個名聲很好的人時，要留意他會不會只是一個「偽君子」？

文質彬彬才是理想的君子

不只一個人的名聲要和他的實質表現相符，孔子在談到他心目中的理想君子時，還說：「質勝文則野，文勝質則史。文質彬彬，然後君子。」（〈雍也〉）這裡的「質」（內在本質）就是前面所說的「實」，而「文」（外在文采）則是「名」。當一個人的內在本質勝過外在文采時，難免會流於粗野；而當外在文采超過內在本質時，就又顯得浮誇；一個理想的君子應該是「文質彬彬」，既有內在本質又有外在文采，既有名又有實，而且名實相符。

當棘子成對子貢說：「君子質而已矣，何以文為？」君子只要有內在本質即可，何須有什麼外在文采時，子貢回答說：「文猶質也，質猶文也，虎豹之鞹，猶犬羊之鞹。」（〈顏淵〉）意思是外在文采跟內在本質同等重要，譬如去掉了毛的虎皮和豹皮，就跟去掉了毛的狗皮和羊皮一樣，看不出有什麼差別；所以本質再好，也需要有恰當的表現形式，否則別人根本無從知悉。

這表示孔子及其弟子都不會輕忽外在形式。「文」指的不只是文采，還包括談吐、儀容等，君子在這方面也應該有一些自我要求，否則談吐粗俗、儀容邋遢，憑什麼要人家注意你有什麼傲人的內在本質？這也是儒家講求「文質彬彬」的用心所在。

從「言行不一」到「知行合一」

如果說「文質彬彬」才是名實相符，那麼「言行不一」也可以說是另一種型態的名實不符。但在這個領域，孔子倒是沒有說我們的言語和行為都要表現得漂漂亮亮，他反而說「巧言令色，鮮仁矣」（〈學而〉），而建議君子要「訥於言，而敏於行」（〈里仁〉），說話拙鈍沒有關係，但行動要靈敏。因為普天之下很難找到一個言行完全一致的人，絕大多數人都言過其實（行）。說巧言的大話容易，但要真正做到卻很困難，「訥於言，而敏於行」反而能讓言行更接近。為了避免言行不一，孔子還主張君子最好能做了再說或少說多做：「古者言之不出，恥躬之不逮也。」（〈里仁〉）

跟言行的表裡如一密切相關的還有「知行合一」。很多道理大家都知道，也都能琅琅上口，但知道歸知道，卻沒有去身體力行，甚至還反其道而行，這也是常見的毛病。連孔子自己都說：「文，莫吾猶人也。躬行君子，則吾未之有得。」（〈述而〉）但也正因為難以做到，所以留給我們很多努力和改善的空間。前提是你必須真的有心要讓自己名實相符，這樣才有知行合一的機會。

「正名主義」的必要性

此外，孔子還特別提出「正名主義」，主張一個人的身分、社會角色，甚至一個東西的名稱、標籤，也都要和它們所指涉的義涵相符合。所謂「君君、臣臣、父父、子子」（〈顏淵〉），意思是做父親的就要有父親的樣子，做兒子的也要有兒子的樣子，大家各安其名，各盡本分，這樣名實相符，社會才能安和樂利。

古代有一種酒器兼禮器叫做「觚」，上圓下方，有八個稜角；到了孔子的年代，它的形狀和功能都已經改變了，但卻還叫做「觚」，孔子覺得不像話，而感嘆：「觚不觚，觚哉？觚哉？」（〈雍也〉）觚已經不像個觚了，這還能稱為觚嗎？這還能稱為觚嗎？有人也許會認為孔子的抱怨太拘泥、不通人情，但他是有感而發，因為這個「觚不觚」跟他所處春秋時代的「君不君、臣不臣、父不父、子不子」正是一個樣。

孔子堅持名實一定要相符，其實也不無道理，因為如果讓名實不符的情形繼續惡化，不以為意，那麼必然導致大家競相浮誇作假，習以為常，積非成是，社會就會愈來愈扭曲、虛偽、錯亂。

幸福就是所想、所說與所做的和諧一致

虛偽、浮誇、名過於實，也許能惑人耳目於一時，但所謂「亡而為有，虛而為盈，約而為泰，難乎有恆矣」（〈述而〉），沒有卻裝作有，空虛卻裝作充實，窮困卻裝作富足，那是很難持續下去的。

想要擁有好聲譽，得到社會的肯定，是人之常情，也值得鼓勵。但就像孔子所說，名實相符、言行一致、表裡如一、文質彬彬，才是可長可久之計，也是我們應該追求的目標。如果做到了，那你不僅能得到真正的名聲、尊嚴與滿足，而且擁有真正幸福的人生，就像印度聖雄甘地所說：「幸福就是你所想、所說與所做的和諧一致。」

能屈能伸——既堅守原則，又保持彈性

做人做事要有原則，它們不應該隨著社會現實而改變，因為原則代表我們為人處世的立場、信念和價值觀。但做人做事也要有彈性，因為外在環境不斷在變化，彈性表示我們的靈活性和適應性。這兩者看似互相矛盾，卻都是我們為人處世的所必需，也就是我們一方面要堅守原則，另一方面又要保持彈性；要有所變，也要有所不變。

孔子在教育上的原則與彈性

孔子本身就是一個既能堅守原則、又能保持彈性的人。教育是他一生的志業，他的原則是「有教無類」（〈衛靈公〉），教學重點是「子以四教：文、行、忠、信」（〈述而〉），特別是跟個人品德修養、為政之道相關的人文教育。

但在教學方法上則很有彈性，他注意到每個學生各有不同的稟賦、性格，「柴也愚，參也魯，師也辟，由也喭」（〈先進〉），高柴愚直，曾參遲鈍，子張偏激，子路魯莽，所以分別就其氣質做不同的調教，也就是「因材施教」。

前面已說過，當子路問：「聞斯行諸？」聽到了就要行動嗎？因為子路魯莽好勇，孔子就回答：「有父兄在，如之何其聞斯行之？」藉以約束他；但當生性退縮的冉求問同樣問題時，孔子則以「聞斯行之」（〈先進〉）來鼓勵他；這跟現在被人詬病的「標準答案」截然不同，充分顯現孔子「因材施教」的靈活性。

為政以德，但因情況而不同

政治是孔子關心的另一個領域。他的原則是「為政以德」（〈為政〉），但當不同的人來向他請教為政之道時，他的答案卻都不一樣。譬如齊景公問政，孔子回答：「君君，臣臣，父父，子子。」（〈顏淵〉）因為孔子覺得齊景公有點失職，所以就勸他最重要的是要扮演好他國君的角色，讓所有人都各安其位。

而當季康子問政時，孔子則說：「政者正也。子帥以正，孰敢不正？」（〈顏淵〉）因為季康子是魯國的重臣，越權跋扈，所以孔子勸他要謹守本分。而當楚國的葉公問政時，孔子則回答：「近者悅，遠者來。」（〈子路〉）因為楚國地方大而都邑小，民眾有離散之心，所以孔子勸葉公施政時要獲得民眾的擁戴，讓近悅遠來。這些都是根據各國的情況、問者的身分與特質而做出不同的建議，不僅切中要害，做起來也才能有實質的效果。

除了問政，孔子在回答問仁、問孝時，也每每有不同的答案，這除了表示因人而異的彈性外，同時也在告訴我們，每個問題都有很多面向、可以有很多考慮，我們要對它們兼容並蓄，這樣才能對問題有更全面的理解、提出更周延的處理方法；而且還能讓我們的眼界更高遠、心胸更寬廣。

君子固守正道又不拘小節

孔子說：「君子貞而不諒。」（〈衛靈公〉）意思是君子要固守正道，但又能不拘泥小節。君子要固守的是他所信持的原則，而在實現理想的方法上則要有彈性、靈活些，也就是在技術層面，譬如做事的方法、穿著打扮等，可以隨外在環境的需求而有所調整、改變；但在價值層面，內心則要有一個不變的中心思想、信念或價值觀。

衛國大夫史魚這個人，「邦有道，如矢；邦無道，如矢」，孔子稱讚他的正直，但並不認為如此「硬邦邦」就是最佳策略，他真正欣賞的是像蘧伯玉（同為衛國大夫）這樣的君子：「邦有道，則仕；邦無道，則可卷而懷之。」（〈衛靈公〉）因為在國君昏庸無道時，如果像史魚那樣說話跟箭一般直，很可能就會惹來殺身之禍（除非這是你追求的生命意義），所以不如留得有用之身，等待時機。

這也是孔子在另外的場合會說「邦有道，危言危行；邦無道，危行言孫（行事要正直，但說話要謹慎)」(〈憲問〉)的原因。有人根據這句話而認為孔子投機，但往好的一面去想，這也是一種彈性的做法。

吾豈匏瓜也哉？焉能繫而不食？

孔子曾提到好幾個在亂世裡避隱的「逸民」：諸如伯夷、叔齊、虞仲、夷逸、朱張、柳下惠、少連等，並對他們各有評價，但他強調「我則異於是，無可無不可」(〈微子〉)，因為建立一個禮樂之邦是他的理想，只要不違背原則，他可以展現更靈活、更有彈性的一面，當他發現自己的國家魯國無道時，他既不想當逸民隱士，甚至連「危行言孫」都不要，而是乾脆到別的國家去尋找機會。

在衛國時，為了想施展他的政治抱負，他「技術性」地去見風評不佳的南子。而當魯國季孫氏家臣公山弗擾叛變，派人來請孔子去輔政時，孔子準備前往，子路不悅，說：「沒有地方去就算了，為什麼一定要去公山弗擾那裡呢？」孔子說：「夫召我者而豈徒哉？如有用我者，吾其為東周乎？」(〈陽貨〉)孔子認為如果有人用他，不管他是誰，他就要在東方復興周禮。

當子路以孔子過去的教誨「親於其身為不善者，君子不入也」(君子不會到做壞事的人那裡)來責問時，孔子承認他說過那樣的話，但他又說：「不曰堅乎，磨而不磷；不曰白乎，涅而不緇。吾豈匏瓜也哉？焉能繫而不食？」(〈陽貨〉)大家不是說堅硬的東西磨也磨不壞嗎？不是說潔白的東西染也染不黑嗎？我難道是個苦味的葫蘆嗎？怎麼能只掛在那裡而不給人吃呢？言下之意是他心中的原則「既堅又白」，不會因外在的環境和人而有所改變，他是要去改變公山弗擾的，而不是讓公山弗擾改變他！

牢記你是為了改變現實，而非讓現實改變你

現實人生總是比抽象思維要來得複雜，在無盡的纏綿糾葛中，要如何堅守原則又保持彈性，既要達成目標又要顧及手段，並不是一件容易的事。為了實現願景，也許是「衣沾不足惜，但使願無違」，但更重要的是，不管做什麼，當你採取彈性做法時，你應牢記那是你為了改變現實，而不是讓現實改變你。

盡善盡美——發現與體驗無所不在的美

在為自己的生命能量尋找投注的對象，為自己的生命創造意義的同時，我們是否也應該放輕鬆點，停下腳步，享受一些美好的事物？答案當然是肯定的，我們絕不能因為只顧前往遠方的高山，而忽略了在腳邊綻放的花朵。生命的意義不只在求真求善，還要求美，真善美兼備，才是豐富多采而又功德圓滿的人生。

孔子美學思想的核心：詩與樂

我們在第一篇就說過，孔子說的「志於道，據於德，依於仁，游於藝」（〈述而〉）就是在追求真善美，而其中「游於藝」（接受藝術或六藝的薰陶）即在追求美、享受美。能讓我們覺得美、產生愉悅感受的對象或經驗很多，譬然大自然裡的美景、色香味俱全的美食等等，但這些感官之美顯然不是孔子的興趣所在。

在孔子的美學思想裡，詩與樂才是他關注的兩大領域。他認為美不應該只是提供感官上的愉悅感，還要有陶冶性情、淨化心靈的功能，就像德國浪漫派詩人諾瓦利斯（Novalis）所說：「詩可以治療被理性斲害的傷口。」或者貝多芬：「音樂是靈性與感性生活的調解者。」詩與音樂正具有這樣的作用。

詩可以興，可以觀，可以群，可以怨

孔子很鼓勵他的弟子學詩（《詩經》），他說：「小子！何莫學夫詩？詩可以興，可以觀，可以群，可以怨。邇之事父，遠之事君；多識於鳥獸草木之名。」（〈陽貨〉）除了後半段提到詩的實用性價值外，前半段都是詩在陶冶性情、淨化心靈方面的作用：詩可以激發人的心志（可以興），可以觀察天地萬物的流變（可以觀），可以溝通大眾的情志（可以群），可以抒發個人的憂怨（可以怨）。

孔子還特別提到〈關雎〉這首詩：「關關雎鳩，在河之洲。窈窕淑女，君子好逑。參差荇菜，左右流之。窈窕淑女，寤寐求之。求之不得，寤寐思服。悠哉悠哉，輾轉反側。參差荇菜，左右采之。窈窕淑女，琴瑟友之。參差荇菜，左右芼之。窈窕淑女，鐘鼓樂之。」

全詩在描寫一個年輕男子對愛情的嚮往，在遇到中意的女子後，他展開追求，真情表達他的愛慕之心與相思之苦，最後美夢成真，有情人終成眷屬。孔子說它：「樂而不淫，哀而不傷。」（〈八佾〉）歡樂卻不放蕩，哀愁卻不傷心，在抒發情感與滌濾心靈的同時，讓我們感受到一種真摯而無邪的美。

韶樂之美讓他三月不知肉味

詩與音樂經常是分不開的，孔子喜歡詩，也喜歡音樂，同時又愛唱歌。有一次在參加慶典後，他說：「師摯之始，關雎之亂，洋洋乎！盈耳哉。」（〈泰伯〉）從太師摯演奏的序曲開始，到最後演奏〈關雎〉的結尾，豐富而優美的音樂在耳邊迴盪不絕，讓他渾然忘我，美不勝收。

而他在齊國第一次聽到《韶樂》後，更是「三月不知肉味」，不禁讚嘆說：「不圖為樂之至於斯也。」（〈述而〉）音樂之美讓他得到的愉悅，竟然淩駕、甚至取代了食物的美味。這讓人想起蘇東坡所說：「寧可食無肉，不可居無竹；無肉令人瘦，無竹令人俗。」美感有層次之分，當你體會過較高雅的美感後，就不會再迷戀、耽溺於較低俗的對象。

好詩與音樂要盡美又盡善

但即使是詩與音樂，也有高下之分。孔子在談到相傳是舜帝時代所作的舞樂《韶樂》時說：「盡美矣，又盡善也。」因為舜以揖讓得天下，音樂雍容而平和；但在談到周武王時所作的舞樂《武樂》時則說：「盡美矣，未盡善也。」（〈八佾〉）因為武王以征伐得天下，音樂顯得威猛嚴肅。

在另外的場合，孔子又說：「惡紫之奪朱也，惡鄭聲之亂雅樂也。」（〈陽貨〉）他厭惡用紫色（雜色）來取代紅色（正色），厭惡用鄭國的音樂來擾亂正統的雅樂。孔子認為「美」與「善」是不能混為一談的，像過於淫靡的鄭聲是「美」而不「善」的，他不僅不喜歡，而且還表示厭惡；他認為最理想的「美」應該像《韶樂》，將美與善合一的「盡善盡美」。

多體會禮與德行之美

能讓我們感覺到美的不只是詩歌、音樂、舞蹈等藝術，孔子在談到個人修養時，還說：「興於詩，立於禮，成於樂。」（〈泰伯〉）其中的「禮」說的雖是固定的儀式與行為規範，但我們也能從中感受到一種秩序之美，就像中世紀的神學家聖・托馬斯（St. Thomas Aquinas）所說：「美是秩序的光采。」禮儀之美跟七言律詩的格律之美在本質上是一樣的，如果能從這個角度去看婚禮、喪禮、開學典禮、餐桌禮儀，那就會有不同的感受，也能讓我們發現、體驗更多的美。

除了禮，各種德行也都蘊含著一種美。仁、愛、信、義、忠、孝等德行，都會散發出一種人性的光輝，也都是善的；孔子雖然沒有明說，但他顯然也會認為這些德行是美的。我們應該知道，美的不一定就是善的；但更應該學習將善的都看成美的，培養並力行各種德行，不只在自我完善，更是在追求自我完美。

孔子讚許的政治美學

美無所不在，除了道德之美外，孔子還讓我們看到了政治之美。有一天，孔子和子路、曾皙、冉有、公西華幾個學生閒坐聊天。孔子問他們如果有國君欣賞他們而想重用他們，那他們將怎麼做？子路、冉有、公西華各自暢談他們的政治抱負，如果自己能在其位就將如何如何讓國泰民安。

只有曾皙一直在旁邊彈瑟，孔子問他，他才停下來說：「**莫春者，春服既成。冠者五六人，童子六七人，浴乎沂，風乎舞雩，詠而歸。**」（〈**先進**〉）在暮春三月時，大家都穿上了春天的衣服，我和五六位成年人、六七個少年，去沂河裡洗洗澡，在舞雩臺上吹吹風，然後一路唱著歌回家。

看似一幅悠閒安詳的景象，但也只有他得到孔子的讚許。因為曾皙描述的景象讓人感受到一種美，正是孔子「政治美學」的具體呈現。

人人都做得到的生活美學

德國大文豪歌德（Johann Wolfgang von Goethe）是一個懂得美、欣賞美，而且在作品中創造美、在生活裡實踐美的美學家，他說：「一個人每天都應該聽一首歌，讀一首好詩，看一幅美畫，如果可能，再說幾句明理的話。」這就是最實際、最可行的生活美學。

孔子也是個美學家，他對歌德的說法想必也會有同感。但他可能會再加上下面兩項：每天從一件平凡的事物中發現它隱藏的美，還有將平凡的事物做得讓自己覺得美，那你的人生就會更加完美。

生命歷程——建構你壯麗多采的人生長城

就好像自然界有春夏秋冬四個季節，人的一生也可以分為好幾個階段。雖然不像自然四季那樣分明，多寡和長短也可能因人而異，但每個階段各有它們的色彩與美麗；而在每個階段，我們都會進入一種新的情境，面對新的問題，產生新的想望，做出不同的抉擇，累積新的經驗，為下一階段的人生提供基礎。生命的追尋當然也因此而有了階段性，在不同的人生階段有不同的追尋目標。

孔子的人生自述與「人生八階論」

孔子對他的一生做了如下的描述：「吾十有五而志於學，三十而立，四十而不惑，五十而知天命，六十而耳順，七十而從心所欲，不踰矩。」（〈為政〉）他把他輝煌的一生分為六個階段，而每個階段都各有它的重心與特色。

孔子對他一生的描述，讓人想起鑽研生命歷程的艾瑞克森（Erik Erikson）的「人生八階論」（又稱社會心理發展階段，Erikson's stages of psychosocial development）。他依自我發展將人的一生分為八個階段，每個階段都會面臨一個新的情境，帶來新的心理危機，當事者必須在此一關鍵時刻做出抉擇。從出生到十一歲間，艾瑞克森根據佛洛伊德的「心性發展理論」（Psychosexual Stages），將它們細分為口腔感覺期、肌肉肛門期、運動性蕾期，因較專業且與我們的討論無關，這裡就從略。

第四個階段是潛伏期（約六到十一歲），當事者面臨的是「勤勉」或「自卑」的心理抉擇。第五個階段是青春期，當事者面臨的是「自我認同」或「角色混淆」的關口。第六個階段是少壯期，當事者面臨的是「親密」或「孤立」的心理抉擇。第七個階段是成年期，當事者面臨的是「生發」與「停滯」的心理關口。第八個階段是成熟期，當事者面臨的則是「完滿」與「失望」的抉擇。從第四到第八個階段，一個人如果選擇勤勉、自我認同、親密、生發、圓滿，那他就會有一個豐饒而有意義的人生，並對此感到滿足。

在勤勉與自卑、認同與混淆間的抉擇

我們如果參考艾瑞克森的理論，將孔子對他一生的描述，視為他在人生的五個不同階段（關口）所做的抉擇，那將可以得到更深刻的理解與啟發。

「吾十有五而志於學」是人生的第一個關口，在「勤勉」與「自卑」間，孔子選擇了「勤勉」。早年喪父的他，家境清寒，但在十五歲左右，他就知道學問是一切的基礎，而立定志向，勤勉向學。

「三十而立」說的是來到人生的第二個關口，在「自我認同」與「角色混淆」間，孔子選擇了「自我認同」。到了三十歲左右，他不僅學有所成，立足於社會，成為一個受人敬重的學者，而且以周公做為他自我認同和追隨的對象。齊景公到魯國訪問時還特別召見他，和他討論秦穆公稱霸的問題；隨後，他即開始授徒講學。

四十而不惑，五十而知天命

「四十而不惑」說的則是來到人生的第三個關口，在「親密」與「孤立」間，孔子選擇了「親密」。在四十歲左右，他對人生、文化、政治、道德、教育等諸般問題的看法愈來愈清晰與明確，不再徬徨猶疑，也不再受人迷惑；同時積極走入人群，和各階層的人建立親密的良好關係，為自己教育與政治理想而獻身。

「五十而知天命」則是到了五十歲之後，孔子在「生發」與「停滯」兩者間選擇了「生發」。此時，他在魯國政壇從中都宰做到大司寇，但卻因國君昏庸與權臣掣肘，而使他振翅他飛，轉而到其他國家尋求機會，但因為整個大環境的問題，而使他了解到有很多事是超乎人力的，只能將它們委諸「天命」；不過他又覺得上天賦予他特殊的使命，而使他義無反顧地「知其不可而為之」。

在包容與排斥、圓滿與失望間的抉擇

「六十而耳順」是說來到生命的第五個關口，在「包容」與「排斥」間，孔子選擇了「包容」。六十歲以後，他在各國已漂泊了好長一段時間，看盡世態，也看開了很多事情，而讓他能以包容、超然之心來聽取各方意見、各種論調，不再覺得刺耳。

「七十而從心所欲，不踰矩」則是來到人生的最後一個階段，在「圓滿」與「失望」間，孔子選擇了「圓滿」。在七十歲左右，他回歸故里，繼續文化傳承的工作，隨心所欲，縱浪於大化之中，陶然忘機，但一切又都符合他所嚮往的禮。而在回顧自己的一生時，他覺得他做了自己認為應該做的事，他問心無愧、求仁得仁，有的是圓滿的人生。

應該警惕、避免的項目

在人生的不同階段或關口，我們不僅有應該選擇、追尋的目標，同時也有應該警惕、避免的項目，就像孔子所說的：「君子有三戒：少之時，血氣未定，戒之在色；及其壯也，血氣方剛，戒之在鬥；及其老也，血氣既衰，戒之在得。」（〈季氏〉）如果在青少年時代耽溺於色欲，那就會妨礙學習；壯年時代爭強好鬥，人際關係不協調，那就會愈來愈孤立；邁入老年後，如果依然貪得無厭，但卻發現自己已來日無多，那一定會愈想愈不甘心，而難以為生命畫下圓滿的句點。

所以，想要讓人生豐饒而有意義，在不同的人生階段，我們應該遠離不同的東西。你要追尋某些東西，就要遠離另一些東西，它們乃是一體的兩面。

在每個關口都做正向的選擇

雖然每個人的人生都不一樣，各有理想、工作與角色，但會面臨的階段性關口卻都差不多，你在一個關口做了什麼樣的選擇，勢必影響你下一階段的人生，如此環環相扣，結果可能就會有完全不一樣的人生。要想有多采而又有意義的人生，就應該像孔子一樣，在每個關口都做正向的選擇。

就像早晨必然先於夜晚，耕耘一定早於收穫，生命的階段性同樣有它的順序與軌跡。如果人生是一場盛宴，那麼你應該知道，豐盛的宴席通常是在入夜後才舉行，現在可能只是你人生的中午、甚至早晨，是你為晚上豐盛的宴席準備材料的時刻。如果你希望你的人生壯麗如長城，那麼你也應該知道，長城不是一天造成的，她的壯麗乃是來自她在每個歷史階段的建設積累而成。每個歷史階段的建築各有其不同的風格與功能，單獨來看，也許顯得單薄、甚至無趣，但卻都是形成長城最終之壯麗的基石。

不舍晝夜——感恩過去、希望未來、把握當下

把人生分成幾個階段，只是一種方便的說法。人生並非靜止，更是不可切割，孔子說：「逝者如斯夫！不舍晝夜。」（〈子罕〉）人生其實是不停在流動的一個過程，雖然可以分為過去、當下與未來三個部分，但當下是不斷在移動的，過去的歲月愈來愈長，而未來的時光則愈來愈短。

不管你現在位於生命之流的哪一個點，你對自己的人生滿意不滿意，要讓生命能顯出意義，關鍵還是在於你如何看待你的過去、當下與未來。

學會忘懷，不要再懸念過去

當孔子周遊列國抵達楚國後，楚國的狂人接輿從孔子的車旁走過，邊唱邊說：「鳳兮鳳兮！何德之衰？往者不可諫，來者猶可追。已而，已而！今之從政者殆而！」（〈微子〉）意思是「鳳凰啊！鳳凰啊！你的德運怎麼這麼衰敗？過去的已經無可挽回，未來的還可以補救。算了吧！算了吧！現在從政的人都很危險！」這是在勸孔子要體察世局，「即時回頭」。

的確，「往者不可諫」，不管你過去付出了多少心血，做過多少荒唐事，現在再怎麼嗟嘆、懊悔也無濟於事。雖然說「前事不忘，後事之師」，但在根據過去的經驗調整未來的方向後，我們就應該學會忘懷，特別是過去的種種挫折與不幸。一直懸念著過去，就好像揹負著無形的鎖鏈往前行，你會走得很沉重，走不遠也走不快。

以開朗的心情看待自己的過去

其實，我們可以用一種更開朗、正面的心態來看過去。孔子早年喪父、生活貧困，很多人對這樣的際遇都會心生怨懟，甚至把今天的不如意怪罪到過去的不幸上頭，但孔子卻說：「吾少也賤，故多能鄙事。」（〈子罕〉）貧賤的生活讓他學會了很多實用的技能，後來反而得到「多能」的讚譽。

有些人對自己的懷才不遇也是抱怨連連，但孔子對他個人的仕途多艱，卻反而說：「吾不試，故藝。」（〈子罕〉）他因為沒有在政治上被重用，所以有時間學些其他的東西，結果反而變得多才多藝。「失之東隅，收之桑榆」，換個角度看，遺憾就成了好處。

就好像有的人看到一個「甜甜圈」，有的人卻只看到一個「窟窿」，角度和心態不同，會讓人看到不一樣的東西。每個人的過去都相當複雜，五味雜陳，如果你從負面的角度、用陰鬱的心態去看，那你就會看到很多讓人覺得不幸、丟臉的傷心事；如果你從正面的角度、用開朗的心態去看，那你就會發現不少讓人感到欣慰、美好的歡心事。孔子就是這樣回顧他的過去，讓他對過去常存「感恩」之心，更加「珍惜」過去的種種，而能以輕鬆愉快的心情邁向未來。

人人都有一個潔白無瑕的未來

「來者猶可追」，不管你有什麼樣的過去，你都有一個潔白無瑕的未來；不管過去讓你多麼失望，你都必須對未來懷抱希望。孔子為了實現他的政治抱負而周遊列國，雖然四處碰壁，但他還是說：「苟有用我者，期月而已可也，三年有成。」（〈子路〉）就是這樣的希望妝點並照亮他的前程，讓他滿懷熱情與信心，繼續向前行。

當有人稱讚孔子是個「聖人」與「仁人」時，孔子說：「若聖與仁，則吾豈敢？」他覺得自己擔受不起，雖然他如此自謙，但聖與仁正是他人生的終極目標，它們看似不可能的任務，而始終不放棄的希望卻也使他「為之不厭，誨人不倦」（〈述而〉）。

即使自己的生命有限，無法完成所有的願望，但他對未來的人和社會依然充滿了希望與期待，正所謂「後生可畏，焉知來者之不如今也？」（〈子罕〉）因為有了這樣的希望和期待，而使他能樂觀地看待各種橫逆，認為受挫只是暫時的，整個社會終將變得愈來愈好。

必須將力量用在當下

但不管你對未來懷抱多少希望，你還是必須將力量用在當下，因為當下是唯一存在的時間，也是你唯一可以掌握的時間。孔子的「逝者如斯夫！不舍晝夜」（〈子罕〉），不只是在感嘆時間的消逝，更有「把握當下」的意思，因為流水無時無刻都在動，不曾稍歇；我們也應該念茲在茲，自強不息。

而最理想的狀態是全神專注於當下的工作，不再注意周遭的一切，渾然忘我，忘記了過去，也忘記了未來，也就是孔子所說的「發憤忘食，樂以忘憂，不知老之將至」（〈述而〉），能夠把握每個當下，專心做好應該做的事，盡其在我，自然會有一種愉悅感。

不停止追尋，生命就會充滿活力與意義

如果你想對你的人生感到滿意，那不管你現在位於生命之流的哪一個點，你都應該以感恩的心情看待你的過去，用希望和期待來面對未來，而全神貫注於當下的工作，因為對過去和未來真正的慷慨，就是把一切都給予當下。

只要你還有一口氣在，你都不應該停止你生命的追尋，劇作家王爾德（Oscar Wilde）說：「人生有兩種悲劇：一是得不到你想要的東西，一是得到你想要的東西。」得不到想要的東西，固然讓人失落；得到了卻發現它沒有原先想像的美好，同樣讓人失落。如果是這樣，那人生還有什麼意思

呢？其實，王爾德真正的意思是：不管得到或得不到，都意味著當事者已經不再追尋；所以，真正的「悲劇」是停止追求，不再期盼。從這個角度來看，直到死前還依然在追尋的孔子，其實是相當幸福的。

人生真正的幸福、最大的樂趣，是在還不知道「能得到或者得不到」的追求與期盼過程中，只要你還繼續在追尋，你的生命就會充滿活力與意義。

樂在其中——掌握快樂的四個祕密

沒有人不希望自己能有個快樂的人生，最少也要快樂多於痛苦。但「人生不如意事十有八九」這句諺語卻透露，人生是苦多於樂的。其實，沒有人真正去算過人生快樂與痛苦的比例，要算也算不出來，重要的是我們整體的感受，而歸根究柢，真正的關鍵在於我們認為什麼是「快樂」？又要如何去得到「快樂」？

關於快樂的第一個祕密

《論語》開宗明義，談的就是快樂：「學而時習之，不亦說乎？有朋自遠方來，不亦樂乎？人不知而不慍，不亦君子乎？」（〈學而〉）其中，「學而時習之」談的是我們在從事自我砥礪、自我完善過程所獲得的快樂；「有朋自遠方來」談的是走出自我、與人交往過程所獲得的快樂。

這兩段話告訴我們關於快樂的第一個祕密：快樂是學習、工作、交際與各種活動的副產品，而不是直接、刻意去追求的東西，你愈刻意去追求快樂，它可能就離你愈遠。而一般人對於快樂的因果關係也常有所誤解，大家普遍認為是自己心情愉快了，才會去做某事；但更多的情況是先做了某事，心情才變得愉快。譬如孔子很喜歡唱歌，但這主要是唱歌讓他感到快樂，而不是他快樂了才唱歌。所以，想要快樂就不能消極呆坐，等待快樂自動降臨，而要積極去從事各種活動。

第二個祕密：開發自己對快樂的感受力

「人不知而不慍」說的其實也是快樂。得不到別人的了解、肯定，通常會讓人苦惱，但如果你能不為此而苦惱，少一點苦惱就可多一點快樂；而更積極的則是從多數人認為痛苦的事情裡「發掘」出快樂來。

譬如很多人認為清貧生活是種痛苦，但孔子卻說：「飯疏食、飲水，曲肱而枕之，樂亦在其中矣！」（〈述而〉）快樂其實是一種內心的感受，如果你內心寧靜祥和，讓你的感受力全開，那麼就能像弘一大師般體會「鹹有鹹的滋味，淡有淡的滋味」，粗茶淡飯中也有被你所忽略的快樂。

這是關於快樂的第二個祕密：與其向外追求更多的快樂，不如向內開發自己對快樂的感受力。就像德語詩人里爾克（Rainer Maria Rilke）說：「如果你的日常生活看起來很貧乏，不要怪生活，要怪你自己，怪你無法像個詩人召喚出生活的豐繁華美。」

第三個祕密：將快樂的重心從物質轉移到精神層面

你對快樂的感受力愈敏銳，就能從生活周遭發現更多讓你快樂的事物。生命是不斷成長的過程，快樂也需要成長，但不只是發現更多快樂的事物，還需要有所提升，將快樂的重心從物質層面轉移到精神層面，這也是關於快樂的第三個祕密。孔子在齊國聽到《韶樂》後，快樂的感覺縈繞於心，讓他「三月不知肉味」（〈述而〉），就是最佳的範例。

而孔子稱讚顏回說：「一簞食，一瓢飲，在陋巷，人不堪其憂，回也不改其樂。」（〈雍也〉）這裡所說的「不改其樂」，表示顏回原本就另有讓他感到快樂的事——進德修業之樂，它主要也是一種精神上的快樂，能讓人「樂以忘憂」（〈述而〉）——忘記物質上的匱乏；而且，這是靠自己就能得到的快樂，也是最值得信賴的快樂。

關於快樂的第四個祕密

快樂不只有物質、精神之分，還有高下、好壞之別。孔子說：「益者三樂，損者三樂。樂節禮樂，樂道人之善，樂多賢友，益矣；樂驕樂，樂佚游，樂宴樂，損矣。」（〈季氏〉）其中縱情享受、閒散遊蕩、沉迷酒食這三種快樂，以感官享受、欲望滿足為主，被孔子認為是卑下與不好的，因為它們所提供的快樂屬於「短多長空」型，歡樂只是一時，卻很可能為日後人生的灰暗空虛種下禍因。

反之，以禮樂來薰陶、調解自己的言行、樂於稱道別人的好處、結交有賢德的朋友則是高尚而有益的快樂，因為這些事情當下雖然不是那麼刺激有趣，但對未來人生卻具有加分作用，而能讓人愈來愈快樂。譬如你欣賞、稱道別人的好處（並非諂媚），自己能從這種良好表現裡感到愉悅，而別人也因此會對你好一些，結果就能產生良性循環。

所以，關於快樂的第四個祕密是：想要擁有「快樂人生」，就應該少點「短多長空」型的快樂，而多多培養能帶來良性循環的快樂。

快樂是我們旅行時的一種心情

從這裡也可看出，《論語》開宗明義所提到的三種快樂：在學習中自我砥礪的快樂、與朋友相處的快樂及得到社會肯定的快樂，都是對人生具有加分作用的精神上的快樂。它被列為《論語》的開場白，多少表示孔子及其弟子，還有後來的儒家都認為，「快樂」是美好人生的重要成分，也是他們所關注的最基本、最重要的議題——不只讓自己快樂，也要讓所有的人都快樂。

孔子雖然鼓勵大家多多培養精神方面的快樂，但他並不排斥或禁絕物質與感官方面的快樂，這比佛家顯得更近人情、更中庸、也更容易讓人接受。

但不管儒家或佛家，都認為快樂「來自內心」，它不是我們要去的一個旅遊勝地，而是我們旅行時的一種心情，只要你內心祥和，感受力全開，那麼觸目所及、信手拈來，都是般若菩提，都是賞心樂事。

人間智慧——做個高瞻遠矚的聰明人

富蘭克林曾說：「人生的一個悲劇是我們老得太快，但卻聰明得太晚。」的確，人生的閱歷能讓我們悟出很多道理，但通常為時已晚，譬如到中年才悟出應該如何善用青春年華，道理再好，也都已經派不上用場。「人生難買早知道」，但我們還是可以經由閱聽、觀摩一些大師、生活達人的言行，吸收他們的經驗與見解，做為自己人生的藥石。

孔子的很多見解與經驗，正具有這樣的功能，前面各篇就是我從《論語》裡整理出來的相關資訊。但我要強調，即使將它們背得滾瓜爛熟，也無法變成你的人生智慧。智慧需要再加上你的閱歷、思考、判斷、選擇和融會貫通。

「知者不惑」的真正涵義

孔子說：「知者不惑，仁者不憂，勇者不懼。」（〈子罕〉）這裡所說的「知者」比較接近有「智慧」的人，而不是有「知識」的人。知識和智慧不同，知識主要用來解決問題，為謀生所需，是可以傳授的；而智慧則是一種洞見，用來指導人生，只能靠個人心領神會。有智慧的人也就是一般所說的「聰明人」，但指的不是IQ很高，而是知道如何善用自己的各種資源，選擇最好的途徑，去經歷最精采人生的人。

「知者不惑」意思是聰明人不會感到迷惑，因為他清楚知道自己想要有什麼樣的人生，又要如何去實現它，這種智慧通常需要有相當的人生閱歷後才能擁有，孔子說他「四十而不惑」正有這個意思。想做個不惑的智者，就是在人生來到某個階段後，就要清楚知道自己想要過什麼生活，又要如何去實現它，不受他人或世俗的迷惑。

仁者安仁，知者利仁

孔子常將「知」與「仁」並舉，譬如「仁者愛人，知者知人」（〈顏淵〉）、「仁者安仁，知者利仁」（〈里仁〉），這除了表示他對仁心與智慧同等重視外，也帶出了兩者的關係：「仁」是我們與生俱來的本性，只要善加發揮，每個人都能「愛人」；但智慧（知）則是後天的，需要學習醞釀，它代表一種辨別、判斷的能力，你有了這種能力，才能夠「知人」。

仁者樂於也安於仁的行為，因為這是他出乎本然的行為。而智者則受益於仁的行為（知者利仁），但這不是說智者所以會表現出仁的行為是因為想從其中得到好處，而是他判斷發揮出於本性的仁，能讓自己、他人、社會都更安和樂利，更享有仁的好處。當然，這也是一種正向的思考和判斷。

知者和仁者進一步的不同點

孔子又說：「知者樂水，仁者樂山；知者動，仁者靜；知者樂，仁者壽。」（〈雍也〉）從這一段話我們更可以看出智者或聰明人的特色：智者喜歡流變不居的水，他的思想和行為像水一樣是活潑、動態、有彈性的，完全融入當下的情境，在瓶子裡就成為瓶子的形狀。而仁者則喜歡屹立不搖的山，他的思想和行為像山一樣寧靜、自在、可信賴，接納一切向他走來的人，但本身則少有變化。

仁者無憂無慮，自在安詳，可以活到高壽；但智者了解到生命的價值不在它的長度，而在於廣度和高度，他要過快樂的人生；他快樂，因為他選擇快樂，他了解到讓自己快樂、別人快樂、大家都快樂，就是生命最淺顯也最深奧、最庸俗也最高貴的意義。

孔子不只是「仁者」，更是「智者」

孔子不只是個「仁者」，更是個「智者」，我們在前面已多次提到，他有他的基本立場和必須堅守的原則，但也能保持彈性，因人因地而有所變通。在面臨道德的兩難時，他會根據他的閱歷與價值判斷，做出他認為最合適、最周延、也讓自己最安心的抉擇，這就是他的智慧所在。

除了周公，管仲也是孔子稱許的一位賢人，管仲原是公子糾倚重的謀士，在小白（齊桓公）殺了公子糾後，管仲不僅不死不退，而且後來還當了齊桓公的宰相，子路和子貢都因此而懷疑管仲的品德，認為他「不忠不仁」，而孔子也認為管仲的某些表現是「器小」、「不檢」與「不知禮」，但他還是稱許：「管仲相桓公，霸諸侯，一匡天下，民到于今受其賜。微管仲，吾其被髮左衽矣。」（〈憲問〉）孔子認為管仲能不拘泥小節、自殺殉主，而留得有用之身，輔佐齊桓公一匡天下，讓蒼生受惠，是更顯仁德的表現。這不只在告訴子路和子貢，同時也在告訴我們，不要用小眼睛小腦袋去看人、看事、看人生，而是要高瞻遠矚，要跳脫世俗的觀念，這就是管仲的智慧，也是孔子的智慧。

我的正向與智慧選擇

智慧是一種判斷、取捨的能力。人生非常複雜，孔子根據他的智慧，選擇從正面的角度去看人生，並從事他正向人生的追尋。我也根據我的智慧，從《論語》裡面挑選我覺得說得有道理的部分，將它們裁剪、組合成上述的篇章，嘗試勾勒出孔子的人生哲學、他對生命意義、人生追尋的看法與做法，給自己和讀者做參考。

我當然漏掉了不少東西，但大部分是我個人沒興趣或認為沒道理、沒意義的部分，其中有些會併入下面的另一個單元再討論。前面這四個單元，基本上都只談孔子「好」的一面，這其實也是我的一種選擇——正向與智慧的選擇。當然，讀者諸君也要各憑你們的智慧，去判斷、取捨我在前面篇章所說的，然後認真思考，與你們的閱歷融會貫通，形成你們自己的生命智慧。

西方的基督教有一篇祈禱文說：「神啊，求您賜我寧靜的心，接受我所不能改變的事；賜我勇氣，去改變我所能改變；賜我智慧，分辨兩者的差別。」人生有正面與負面，有不變與變，需要寧靜也需要勇氣，但更需要的是去辨別、判斷與取捨的智慧。

伍

在迷障中，深刻文化的反省

「若聖與仁，則吾豈敢？」除非我們認為孔子的這番自白是在佯裝謙虛、是言不由衷的假話；否則，將他捧為「聖人」，並供奉在神龕裡讓人膜拜，就是在違背他的教誨。

如果我們以孔子所宣揚的仁與孝、悌等品德，來檢視他和父母、手足、妻子與兒子的關係，應該不是故意找碴，而是在「聽其言，觀其行」。

「君子」與「小人」並非壁壘分明的兩種人，而是我們每個人的心中都有一個「君子」和一個「小人」，他們經常處於起起伏伏的動態關係。

「孔家店」只是綁架孔子，以他為人質的「黑店」。只有打倒它，才能救出孔夫子，恢復他真正的思想與精神。而「孔家店」裡最大的掌櫃就是程朱理學。

走下神龕——請給孔子多一點血肉

如果問：「你覺得孔子是怎樣的一個人？」大多數人腦中浮現的應該是在孔廟裡看過的孔子塑像，或是書本裡見過的孔子畫像；很少人會從《論語》裡去找線索，因為除了「子溫而厲，威而不猛，恭而安」（〈述而〉）此一神態的描述外，我們找不到相關、特別是跟孔子形貌相關的蛛絲馬跡。但即使根據這些文字或更多的文字，我們所能產生的孔子形象也相當模糊，遠不如塑像或畫像來得具體。所以，說孔廟或書冊裡的孔子塑像與畫像為我們塑造了孔子的形象，一點也不為過。但它們想要傳達給我們的是什麼訊息呢？想給我們的是什麼樣的一個孔子呢？它們又會如何影響我們對孔子、乃至《論語》的看法呢？

慈城孔廟的兩尊孔子像

二〇〇九年十月，我和妻子與友人到寧波慈城一遊。慈城是舊慈谿縣縣城，文風鼎盛，從唐代到清代共出了五一九位進士，可謂人才濟濟。慈城的孔廟布局完整、氣勢恢弘，大成殿的「神龕」

裡端坐著一尊華麗貴氣、莊嚴神聖，做「天子」打扮的孔子塑像（後來我在曲阜孔廟又看到同樣規格與造型的大成殿和孔子像，顯然就是它的藍本）。雖然神聖貴氣，但如此這般將孔子「帝王化」、「神明化」，反而讓人覺得距離遙遠、不可親近。

來到旁邊的明倫堂，發現堂前院中又立著一尊孔子塑像（銅）。我立刻被它具有現代風格的造型所吸引，因為這位「孔子」做「士人」打扮，臉部的表情非常豐富，似笑非笑、欲言又止，眼角唇邊有著一分疲倦、兩分滄桑、三分無奈；但在疲倦中又有著「樂而忘憂」的自得，在滄桑裡隱藏「吾豈匏瓜也哉」的幽默，在無奈中看到「知其不可而為之」的堅持。更重要的是他不是被供奉在神龕裡，而是站在陽光中，和我們站在一起。看起來就像市井裡的一個智慧老人，我們每個人都可以上前握握他的手、拍拍他的肩膀、摸摸他的鬍子。

這是我看過最活潑、也讓我感覺最親切的孔子塑像，它是著名雕塑家、曾任中國雕塑院院長吳為山的作品。二〇一三年，我到英國劍橋大學探望女兒時，又在克萊兒學院（當年陳之藩初到劍橋時，最先落腳於此學院）看到同樣的一尊塑像，「他」就站在一條安靜的綠色小徑旁，顯得有點孤獨，但依然是那樣的欲言又止、似笑非笑、怡然自得。

將孔子神聖化是在違背他的教誨

我們先說被供奉在神龕裡，做「天子」打扮的孔子塑像。在春秋戰國時代，孔子原只是諸子百家之一，但到了西漢武帝時，董仲舒藉著國家力量「罷黜百家，獨尊儒術」，隨後在歷代帝王的撐腰下，將孔子一步步神聖化，加封他為「文宣王」、「至聖文宣王」等，成了讓公侯將相都不得不低頭的中國「素王」。慈城和曲阜孔廟大成殿裡的孔子塑像，可以說就是此一神聖化過程的極致產品。

當然，在各地孔廟大成殿裡的孔子，還有另一種造型，那就是以唐代吳道子所繪《孔子行教圖》為藍本的「大成至聖先師」立像。像中孔子寬衣博帶、腰配長劍、雙手作揖、神態謙恭；比做帝王打扮的孔子要來得和藹，但還是讓人覺得高高在上，神聖難以親近。

這種將孔子神聖化，將他捧為「素王」或「聖人」的做法，孔子地下若有知，可能會覺得惶恐，甚至產生反感。因為他明明說：「若聖與仁，則吾豈敢？」（〈述而〉）除非我們認為孔子的這番自白是佯裝謙虛、言不由衷的假話；否則，將他捧為「聖人」，並供奉在神龕裡讓人膜拜，就是在違背他的教誨。

「孔聖人」怎麼可能歧視女性？

將孔子神聖化的不只是他的塑像，還擴及他的人生與言行。因為「聖人」是至高無上、十全十美的，所以孔子的人生與言行也都是超越古今、無可挑剔的。我這裡只先舉《論語》裡的兩段話為例，看後人如何「為聖人諱」。

「唯女子與小人為難養也，近之則不遜，遠之則怨。」（〈陽貨〉）這段話正常的解讀是孔子認為只有女子和小人難以教養（或侍候）；親近他們，他們就會無禮；疏遠他們，他們就會抱怨。但因為這樣的解讀會讓人覺得孔子不只有「男尊女卑」的觀念，而且還歧視女性！「聖人」怎麼會歧視女性呢？因此一些碩儒就開始對文中的「女人」另作解釋，有的說指的是「婢妾」，有的說其實是「豎子」或「汝子」，總之就是想告訴大家，像孔子這樣的「聖人」，即使在古代，也不可能歧視女人的。

但真是這樣嗎？周武王說他有十大賢臣幫他治國，孔子對此的評論是「有婦人焉，九人而已」（〈泰伯〉），因為其中有一位是女性，所以就被孔子剔除，只承認周武王有九大賢臣。如果這不是歧視女性，那什麼才是歧視女性？其實，在孔子所處的春秋時代，幾乎每個人都有「男尊女卑」的觀念，孔子不尊重女人應該是「再正常不過的事」，說他沒有絲毫歧視女性的念頭，反而是在將他視為「妖怪」。

聖人當老師，怎麼會收學費？

另一個是孔子當老師收學費的問題。「自行束脩以上，吾未嘗無誨焉」（〈述而〉），這是孔子的自述，歷來的解釋是「束脩」為一束肉乾，代表學費，也是學生對老師禮敬的一種象徵（其實只是一份薄禮）。所以整句的意思是：孔子說只要有人拿著一束肉乾或差不多的東西，來對我行師生之禮，我就一定會教導他。但有人卻認為這違背了「聖人」的風格，「聖人」是如此的崇高完美，即使當老師，怎麼可以向學生「收學費」（即使只是肉乾或等價的東西）呢？所以有人對「束脩」另作解釋，說是「束髮修飾」（當時年滿十五歲的禮儀）；整句的意思就成了只要年滿十五歲，束髮修飾之後前來，孔子就一定會教導他。

經此一解釋，總算又恢復了孔子「聖人」的清高形象。至於以授課為主要工作的孔子，他不收學費，教材從何而來？又要如何養家活口？似乎都成了「虛幻不實」的問題。也許，孔子真的是對束髮修飾後的十五歲男子都來者不拒，有教無類；但問題是如果有十二歲、九歲、七歲就有志向學的人來拜他為師，孔子又要如何回應呢？要等到十五歲束髮修飾之後才願意教他嗎？這與中國自古以來的教育形式完全背道而馳，怎麼會是「聖人」的做法呢？更重要的是，老師教書收學費原本就天經地義，想替孔子抹粉反而成了虛偽之舉。

是在美化孔子？還是醜化孔子？

另一種神聖化則是反其道而行。《史記．孔子世家》說孔子「生而首上圩頂，故因名曰丘云」。

意思是出生時頭頂中間凹下（如尼丘山），故起名為丘。前文又說「孔子長九尺有六寸，人皆謂之『長人』而異之」，由此推想，孔子長得似乎非常高大魁梧。《列子》則記載：「孔子勁，能招（扛舉）國門之關。」也就是說孔子能獨力舉起門城門的大木桿，似乎是個難得一見的大力士。

《荀子》一書又說：「仲尼之狀，面如蒙倛。」意思是他的容貌像驅鬼避邪的「蒙倛」般猙獰恐怖。曲阜民間更傳說，孔子的容貌有「七露」：「眼露白，耳露輪，口露齒，鼻露孔。」七竅豁露，顯然不甚美觀，所以又稱「七陋」。到了宋朝的《路史》，更說孔子有四十九表（表徵）：「反首，張面，大角，日准，河目，海口，龍顙，牛唇，白顏，均頤，輔喉，駢齒，龍形，龜脊，虎掌，駢脅……。」孔子簡直成了空前絕後的「異形」。

但這不是在詆毀孔子。因為中國自古就有偉人的形體必有「異於常人之處」的觀念，譬如說「黃帝龍顏，堯眉八彩，舜目重瞳，皋陶鳥喙，禹耳三漏，文王四乳，周公背僂」等等，孔子既然是千古以來最偉大的「聖人」，他的形體當然也就有甚多異樣之處。歷來有一些根據這些描述繪製的孔子畫像，譬如相傳為東晉顧愷之所畫的〈孔子為魯司寇像〉、南宋馬遠的絹本〈孔子像〉、明朝（佚名）的〈孔子燕居像〉等，都讓第一次看到的人覺得「難以接受」，因為跟他們「想像中的孔子」很不一樣。

歷代孔子像「不符合眾人的期待」？

孔廟看多了就會發現，在大成殿裡，除了有形象不一的孔子塑像或畫像外，還有不少是在神龕處只擺著「大成至聖先師」牌位的。這是明朝才出現的一種形式，據說跟明太祖朱元璋有關：朱元璋對孔子、《論語》和儒家的態度相當曖昧，他在看了一些孔廟大成殿裡的孔子塑像和畫像後，不甚滿意，說它們「不符合眾人的期待」，因此那些具像化的塑像、畫像就逐漸被抽象的「大成至聖先師」的牌位所取代。

但「眾人的期待」又是什麼？其實很難說清楚。我想在讀了《論語》後，每個人的心目中應該都有一個「理想的孔子」，只是大家都沒有認真去想像，為自己「心目中的孔子」塑像，而當看到孔廟或其他地方、書本、畫冊裡的孔子像時，又覺得有些扞格，認為他們「不符合自己的期待」，在模糊的失望之餘，又影響了我們對孔子和《論語》的觀感。

請讓孔子更接近每個人

每個時代、每個人對孔子都有不同的期待。我說在慈城孔廟明倫堂前和劍橋大學克萊兒學院小徑旁的孔子塑像讓我覺得親切，純粹是我個人的感覺。吳為山所創作的孔子塑像並非只此一尊，還有其他型態的，但我就是喜歡這一尊，因為它比較符合我的「期待」，或者說比較接近我心目中的「孔子」：應該是一個有血有肉、有理想有挫折、有品德有欲望、能屈能伸、可喜可怒、會堅持會倦怠，能讓現代人感到真實、可信，比大家都要優秀一些、值得學習的古代教育家和正向哲學家。

沒有一個像樣的教育家或哲學家，會願意被供奉在廟宇的神龕內，如神般受膜拜。將孔子神聖化，不只違反孔子的意願，而且更是在將他推離普羅大眾，我想這也是很多人會說「《論語》雖然很好，但是……」的最主要原因。因為神龕上的那個「孔子」不僅離自己非常遙遠，而且「神聖」得讓人覺得實在「很假」。

但時代變了，除了吳為山所塑造的孔子像外，其他像周潤發主演的電影《孔子：決戰春秋》、大型史詩舞台劇《少年孔子》等等，也都紛紛以不同的方式賦予孔子更多的血肉，也反映了某些人對孔子新的「期待」。它們也許無法為我們呈現更真實的孔子，但卻都讓孔子變得更可親，也更接近我們。我想，這是一個好的新開始。

擴充視野——為《論語》的解讀鬆綁

在我念高中的時代，精選版的《論語》被列入「中國文化基本教材」裡，是當時必修也是大學聯考必考的科目，所以我很認真地研讀，但說來也只是針對聯考的詞義解釋而已。考完後當然還留存不少印象，在潛移默化中，對往後的人生可能也產生了一些影響。雖然我在後來的閱讀與寫作中，也偶爾會涉及《論語》，但多屬雲淡風輕；直到最近想對《論語》做全面而深入的理解，才去留意跟它相關的一些周邊問題，譬如《論語》的來龍去脈、在歷史上的地位與流變等。在多一點這方面的資訊後，我覺得它們有助於從一個較高的角度來理解《論語》，而視野也會跟著寬廣許多。

《論語》是怎麼產生的？

《論語》基本上是孔子與部分弟子言行的彙編，其中又以孔子教學時之所言、與弟子及當時王公大夫之間的問答為主。它是怎麼成書的呢？《漢書．藝文志》說：「當時弟子各有所記，夫子既卒，門人相與輯而論纂，故謂之《論語》。」後來的專家又多認為，除了孔子弟子外，有些篇章還出於再傳弟子之手。《論語》裡時間上最晚的材料，為曾參臨死時對孟敬子說的一段話：「曾子有疾，孟敬子問之。曾子言曰：『鳥之將死，其鳴也哀；人之將死，其言也善……。』」（〈泰伯〉）以此推斷，《論語》的最後成書時間大約是在戰國初期（西元前四百年左右）。

秦始皇焚書後，《論語》曾一度失傳，西漢初年從坊間搜羅到三種傳本：《古論語》二十一篇，用戰國時的蝌蚪文書寫，識者已不多；《魯論語》二十篇，《齊論語》比《魯論語》多出兩篇，各在魯、齊兩地的孔門弟子中傳習。西漢靈帝時，安昌侯張禹將《魯論語》與《齊論語》融合為一，篇目沿襲《魯論語》，稱為《張侯論》，被當時的儒生所尊奉，後代及我們現在所讀的《論語》都沿用這個版本。《齊論語》和《古論語》則逐漸失傳。

四書與五經的糾葛

雖然董仲舒「罷黜百家，獨尊儒術」，但從西漢到唐代，在中央與民間，受重視的儒家經典是「五經」（即《詩經》、《尚書》、《禮記》、《周易》、《春秋》）。南宋的朱熹將《大學》與《中庸》從《禮記》裡獨立出來，與《論語》和《孟子》合稱「四書」，而且為它們編撰了《四書集注》，才有「四書」之名，地位也跟著水漲船高，逐漸凌駕於「五經」之上。

在南宋後期，即開始以「四書」做為科舉考試的內容；到元仁宗時，更確定以《四書集注》為科試範疇，此後至明清兩朝，科舉考試便都在《四書集注》的範圍內出題。也因此，七百多年間的中國讀書人不只要讀《論語》，而且讀的是以朱熹觀點為準的《論語》。

朱熹與《論語集注》的影響

從我前面對《論語》的解說，讀者應該可以了解，即使時至今日，孔子的很多觀點對現代人的生活依然具有很大的參考價值，它比「五經」和《大學》、《中庸》、《孟子》等對人生都有更大的觸及面，說法也更平易近人；如果不是當年朱熹的慧眼與主張，《論語》在後來乃至今日可能就不會那麼受重視，這是我們必須感謝他的地方。

但受科舉考試的影響，如果說對《論語》的解讀都要以朱熹《四書集注》裡的《論語集注》為本，那其實也是在替《論語》穿小鞋，將它狹隘化。當然，自漢朝以降，有不少學者為《論語》做過注解，譬如東漢的鄭玄、魏晉南北朝的何晏、皇侃等，也都有著作傳世；朱熹的《論語集注》雖然是集前人之大成，但還是以其個人的偏好與觀點為主。將它定為唯一的正解，使「學者尊信，無敢疑貳」，往後的讀書人在照本宣科、死記死背之後，多陷入了孔子所說「學而不思則罔」的境地。

孔子說得再有理，朱熹的注解再精采，我們讀《論語》還是要經過自己的思考，絕不能不假思索地照單全收。特別是對《論語》裡一些有疑義的句子更應如此，因為「疑義」正是提供我們思考的大好時機。下面就舉一個例子。

「愚民」與「民愚」的解讀

子曰：「民可使由之，不可使知之。」（〈泰伯〉）東漢鄭玄根據這樣的斷句，說：「由，從也。言王者設教，務使人從之，若皆知其本末，則愚者或輕而不行。」意思是政府發布命令，讓人民遵行就好；若讓他們知道太多，就反而會輕蔑而不去執行，所以不能讓人民知道太多（或向他們解釋）。這樣的說法後來被批評為孔子主張「愚民政策」。

朱熹在《論語集注》裡，也依此斷句說：「民可使之由於是理之當然，而不能使之知其所以然也。」但為什麼不能讓人民知道呢？他引用北宋程頤的說法：「聖人設教，非不欲人家喻而戶曉也，然不能使之知，但能使之由之爾。若曰聖人不使民知，則是後世朝四暮三之術也，豈聖人之心乎？」意思是孔子（聖人）為什麼認為政令不能或不必讓人民知道呢？因為人民是愚昧的，解釋太多只會讓他們像朝四暮三的猴子陷入混淆。也就是說並非孔子有心要實行「愚民」政策，而是因為「民愚」，才不得已出此無可奈何之策。

這樣的觀點當然很能討統治者的歡心，而七百年間的中國讀書人也就反覆默誦這個標準解釋，認為因「民愚」而「愚民」乃是聖人的旨意了。

可能更好的另外兩種解讀

孔子的這句話，其實還可以有不同的解讀。晚清的一位學者宦懋庸在其所著《論語稽》裡，做了「民可，使由之；不可，使知之」的斷句，意思就成了政府的政令若得到人民的認同，那就要人民遵行；如果人民不認可，則向他們解釋為什麼要有這種政令。主張「君主立憲」的康有為、梁啟超等人都贊同這個解釋，認為它較符合孔子主張對人民要「教之」的一貫主張。

還有另一種斷句法（不知是誰最先提出來的）：「民可使，由之；不可使，知之。」使是使用、使喚之意，整句的意思是政府如果交代人民做一件事，他們會做，那就讓他們自行去做；如果不會做，那就要教導他們怎麼做。這也相當符合孔子「舉善而教不能」（〈為政〉）的觀點，更表示政府不只要尊重人民，還負有教育人民的責任。

因為古書沒有標點符號，不同的斷句可能就會產生不同的文義。孔子的這句話還有另兩種不同的斷句法，但因唸起來太拗口，這裡就不提了。但即使是上述三種斷句法，何者才是孔子真正的意思，我們也無法「替他做主」。但我以為在清朝末年以前，鄭玄、朱熹等人的解讀應該是主流；直到跟西方接觸後，激發少數人的反省和思考，想要突破傳統，《論語集注》失去它的權威性，才有上述新解讀的出現。

擴充視野，培養思考能力

《論語》裡有疑義、可作不同解讀的句子其實還有一些，前文所說「唯女子與小人為難養也」、「自行束脩以上」也都在列，但與其細談，我想不如把握一個原則；孔子真正的意思只有一個，但不同的解釋卻可以擴充我們的視野，而且訓練我們思考，思考何者才可能是孔子真正的意思，而你又為什麼會這樣認為？

現代人讀《論語》，了解孔子真正的意思固然重要，但我們又何必照單全收？你自己怎麼想？《論語》能給你個人什麼樣的啟迪？也許更加重要。

不可迴避——孔子家庭生活的真相

在前面篇章，我們介紹了孔子認為一個理想的君子應該具備的人格特質和品德，譬如要立志、好學、仁愛、有義、誠信、達禮、孝悌、堅持、對人謙和、敬業樂業等等，這些也是建立安和樂利社會的基石。它們不只是當代正向心理學所關注與強調的美德、特質，更是現代教育裡「公民」或「修身」課的重要內容。沒有人會質疑這些人格特質與品德的重要性，問題是要如何將它們落實到現實生活裡，而不會淪為一堆漂亮的空話？特別是去了解提出或宣揚這種觀點的人，他自己做到了多少？又有什麼可以跟我們分享的經驗和心得？

我想對孔子提出這樣的問題，應該不會失禮，更非故意在找碴。

為何缺少孔子與親人關係的紀錄？

《論語》是弟子們對孔子言行的追記。關於孔子對各種品德的「言」記錄了很多，但相應的「行」卻少很多。當然也有一些，譬如〈憲問篇〉裡提到：「廄焚。子退朝，曰：『傷人乎？』不問馬。」

廄起火燒了，孔子退朝，只問：「有沒有傷到人？」「見冕者與瞽者，雖褻，必以貌。凶服者式之。式負版者。」（〈鄉黨〉）看見穿官服的人和瞎子，即使彼此很熟，也會表現禮貌；乘車時看到穿喪服的人，便俯伏在車前橫木上（表示同情）；「朋友死，無所歸，曰：『於我殯。』」（〈鄉黨〉）朋友死了，無依無靠，孔子說：「由我來料理後事。」這些都在表示孔子的仁愛之心與對朋友之義。但整體而言，孔子的「行」跟他的「言」是不成比例的。

「仁」是孔子學說的核心，也是其他品德的源頭，「孝弟也者，其為仁之本與！」（〈學而〉）更說明親子關係與手足之情是「仁」的原型。既然如此，那麼了解孔子對父母和兄弟姊妹、兒女等至親有著何等感情，應該比他如何對待學生、盲人、喪家或陌生人來得重要吧？但在《論語》裡卻是「隻字也無」，這可能是孔子在講學時並未提起，弟子們也就無從記錄；也可能是孔子提過或弟子們風聞過，但認為那「無關緊要」，所以不想記錄。

孔子的父親、母親與葬禮

不過我們還是可以從其他地方獲得一些蛛絲馬跡。孔子為殷商王族的後裔，其先祖從宋國遷到魯國，父親為叔梁紇，這是世所公認的。但接下來就有些模糊，司馬遷的《史記．孔子世家》說：「紇與顏氏女野合而生孔子」、「丘生而叔梁紇死」；而同樣記載孔子與弟子言行及孔子家世的

《孔子家語》（被很多人視為偽書）則說：「梁紇娶魯之施氏，生九女，其妾生孟皮。孟皮病足，乃求婚于顏氏，徵在從父命為婚。」綜合二書說法，孔子的生母為顏徵在，「野合」可能是指顏徵在和叔梁紇的結合不符合當時禮俗，孔子有九個異母姊姊和一個殘障的異母哥哥。在父親死前，孔子母子可能和他的「大媽」、姊姊、哥哥們生活過一段時間；父親死後，顏徵在有可能帶著孔丘離開孔家，母子相依為命。

孔子十七歲時，顏徵在過世，《史記．孔子世家》和《禮記．檀弓上》都說，孔子因不知父親的埋骨之所，而先將母親停棺於路口，向路人打聽得知父親的墓地後，才將父母合葬於一處。從這點可以看出，孔子對「死葬之以禮」（〈為政〉）的重視與奉行。

孔子在為母親守喪期間去赴宴？結婚？

但在顏徵在生前，孔子和母親的關係如何？我找不到任何古代的資料。《史記．孔子世家》有一則記載說：「孔子要絰，季氏饗士，孔子與往。陽虎絀曰：『季氏饗士，非敢饗子也。』孔子由是退。」所謂「要絰」是指縛在腰間的麻帶，意思是孔子還在為他母親守喪期間，魯國權臣季孫氏宴請士人，孔子就去參加，但被季孫氏的家宰陽虎（即陽貨）斥退，說我家主人不敢宴請你。

這件事的確很嚴重。因為當宰我向孔子抱怨為父母守喪三年太久時，孔子說這是為了報答：

「子生三年，然後免於父母之懷。」而且「夫君子之居喪，食旨不甘，聞樂不樂，居處不安……。今女安，則為之！」（〈陽貨〉）意思是孝子女在三年守喪期間，寢食難安，根本無心於他事，如果宰我自覺「心安」，那就去過他的正常生活吧！既然是這樣振振有詞地教導學生，那孔子怎麼可以還在為母親守喪期間，就想去參加季孫子的宴會呢？

後世很多儒家學者因而懷疑、否定司馬遷的這段記載，但司馬遷會這樣說，顯然是有所本。《孔子家語》又有一說，孔子「至十九，娶于宋之亓官氏」。十七喪母的孔子，十九歲娶妻，這不是又違背了「守喪三年」嗎？於是又有人出來辯駁，顏徵在其實是在孔子二十四歲時才過世，所以他並沒有違背古禮；另有人說，「守喪三年」只是針對父親，如果是母親過世守喪一年就夠了。姑不論這種說法是否在暗示中國人對母親不應該有太多的感情，總之，就是要我們相信，孔子不可能作出違背「禮」的事情。

我個人認為，即使孔子在為母親守喪期間就想去參加可能關係到他前途的宴會，乃至於結婚生子，也是可以理解的。因為那時候他才十七、八歲，「少不經事」，不太可能滿腦子的「禮！禮！禮！」他的重視「禮」並強調要「克己復禮」，應該是三十歲以後的事，說不定還是來自他對年輕時候「不知禮」的一種反省。

孔子休棄了他的結髮妻亓官氏？

夫婦為儒家的五倫之一，齊家更是治國之本，但我們不僅在《論語》裡找不到孔子對此的任何說法，其他古書也沒有孔子和他妻子亓官氏相處情形的任何記載，《孔子家語》也只提到兩人婚後「生伯魚。魚之生也，魯昭公以鯉魚賜孔子，榮君之貺。故因以名曰鯉，而字伯魚」。也許「沒消息就是好消息」，但如果認為孔子和妻子的關係即使說不上恩愛，應該也是平淡而和睦的，那恐怕就錯了！

《禮記・檀弓上》有一則記載說：孔伋（即子思，孔鯉的兒子）不准其子為其「出母」守喪，在門人的追問下，子思才透露他父親（孔鯉）有為其「出母」守喪。所謂「出母」就是被父親「休掉」的母親，孔鯉的「出母」就是孔子的妻子亓官氏，換句話說，孔子不知何時已經「休妻」，家庭破碎了（而且從子思的話可知，孔子、孔鯉、孔伋三世都休妻）。根據《大戴禮記・本命》的說法，丈夫可以因為妻子不順父母（公婆）、無子、淫、妒、有惡疾、多言、竊盜等七個理由（稱為七出或七去）而休棄她，孔子若休妻，理由應該不是前面兩條，但不管如何，他們的夫妻關係顯然不好。

因為夫妻關係不好，我們對孔子所說：「唯女子與小人為難養也，近之則不遜，遠之則怨。」（〈陽貨〉）也許就能有新的理解，文中的「女子」很可能就是來自孔子對他妻子亓官氏的印象。而在〈鄉黨篇〉裡提到的孔子對飲食的挑剔，諸如：「食不厭精，膾不厭細。食饐而餲，魚餒而肉敗，不食。色惡，不食。臭惡，不食。失飪，不食。不時，不食，割不正，不食。不得其醬，不食。」這個也不吃那個也不行，可能會讓主持中饋的亓官氏非常受不了，或者讓孔子對妻子很不滿意，而成為他們夫妻失和的主要導火線。

跟兒子孔鯉的關係是疏遠的？

《論語》對孔子和他兒子孔鯉的親子關係倒是有些記載。陳亢問於伯魚曰：「子亦有異聞乎？」對曰：「未也。嘗獨立，鯉趨而過庭。曰：『學詩乎？』對曰：『未也。』『不學詩，無以言。』鯉退而學詩。他日又獨立，鯉趨而過庭。曰：『學禮乎？』對曰：『未也。』『不學禮，無以立。』鯉退而學禮。聞斯二者。」陳亢退而喜曰：「問一得三。聞詩，聞禮，又聞君子之遠其子也。」（〈季氏〉）從孔子與孔鯉的問答可知，孔子雖然有弟子三千，但似乎沒有親自教導兒子，而且親子關係就像陳亢所說是疏遠的（遠其子），當然它也可以做孔子「不偏愛兒子」的解釋。

孔子最欣賞的弟子顏淵死時，顏淵的父親請求孔子能賣掉車子，給顏淵買個外槨。孔子回答：「才不才，亦各言其子也。鯉也死，有棺而無槨。吾不徒行以為之槨。以吾從大夫之後，不可徒行也。」（〈先進〉）意思是顏淵和孔鯉雖然一個有才一個無才，但各自都是自己的弟子、兒子。孔鯉死時也是有棺無槨，孔子也沒有賣掉車子給他買槨，因為他還跟隨在大夫之後，必須遵守不可步行的禮節。也就是說孔子為了守禮，可以斷然節制他的親子與師生之情。

《禮記・檀弓上》還說，當孔鯉的「出母」亓官氏過世後，按當時的「禮」為「出母」守一年喪就夠了，但過了一年，孔鯉想起母親還忍不住落淚，孔子就覺得這樣「非禮」而不贊同，害得孔鯉不敢再哭。這固然可以說孔子的重視「禮」與勸兒子要節哀順變，但似乎也反映他對「前妻」和兒子的情感都很淡薄。

要成為「躬行君子」是「不可能的任務」

雖然資料不多，但如上所言，當我們想以孔子和他父母、兄姊、妻子、兒子等至親的關係，來了解他對他所宣揚的品德做了多少時，答案可以說是讓人頗為失望的。但我並不認為孔子虛偽，因為他自己說：「文，莫吾猶人也。躬行君子，則吾未之有得。」（〈述而〉）意思是在人文知識方面，他或者還比得上人家；但要說身體力行君子之道，那他還沒辦法做到。我想我們必須相信孔子在說這番話時是真心誠意的，而不是故作謙虛；因為他在反省自己跟親人的關係時，他自己很清楚他的表現（特別是年輕時候），離他後來所倡導的那些品德還很遙遠，他並非他所嚮往的那種理想君子。

雖然他並沒有向學生和世人具體表白他和那些至親相處的真相，但他對此顯然深感抱憾，而只能感嘆：「躬行君子，則吾未之有得。」

孔子自己說我們對人要「聽其言而觀其行」（〈公冶長〉），特別是他所說的是行為的指南時，更需要了解他的言談和行為間是否有落差？又有什麼具體的方法可以來減少這種落差？但像孔子這麼重視而且教導弟子與後人要「觀其行」的人，對於他在孝、悌、仁、愛、父、義等方面的「行」，卻沒有多少可「觀」（舉了很多別人的表現，但卻很少談自己），這多少是讓人遺憾的，而更讓人遺憾的是它似乎成了一個傳統：後世高舉儒家思想大旗的人，在暢言如何正心誠意、敦品勵學、修身齊家時，也都吝於和大家分享他們在這些方面的經驗與心得。

連孔子都說他不是一個「躬行君子」，可見要具備他所宣揚的那些人格特質和品德是多麼困難的事。但這並不表示要對那些特質和品德打上問號，正因為難以做到，我們反而更應該把它們當做「不可能的任務」般來追求。它們永遠沒有完成的一天，我們只能持續追求，不厭倦地追求，不知老之將至，這也是孔子告訴我們的幸福。

崇古主義——「半部論語治天下」的迷思

在《論語》裡，孔子和王公大夫、弟子們暢談了很多為政之道，而他自己在魯國也有四年的從政經驗，並官至大司寇，攝相事，表現不錯。但因魯定公沉迷酒色，他憤而辭職，帶著弟子周遊列國，希望能在別的國家找到施展其政治抱負的機會，曾充滿期待與自信地說：「**苟有用我者，期月而已可也，三年有成。**」（〈子路〉）但很可惜事與願違，他的希望落空，也成為他一生中最大的憾事。

不管是在魯國或其他國家，如果孔子能有實權與時間來貫徹他的政治理念，那會是一個什麼樣的局面呢？這看來似乎是個沒有什麼意義的「假設性問題」，其實不然，我們如果能認真思考一下，那就會衍生出一些很有意思、直到今日仍餘波盪漾的議題。

孔子在當大司寇時如何施政？

當孔子在魯國擔任大司寇兼攝相事，掌握相當權力後，推行了哪些具體的政策呢？《史記．孔子世家》只提到孔子為了削弱當時三家權貴的勢力而「墮三都」（但這件事卻功敗垂成），「誅魯大夫亂政者少正卯」(但此舉受到後世儒家學者質疑),「與聞國政三月」就「粥羔豚者弗飾賈(商販不再瞞天要價);男女行者別於塗;塗不拾遺」。但怎麼辦到的?司馬遷只給結論,不說方法,讓人納悶。不過我們還是可以做一些合理的推測。

「為政以德」只是一個基本大綱,它必須有具體的施行細則。孔子生存於春秋亂世,我們從他的感嘆禮樂崩壞,對堯、舜與周公的緬懷和推崇,還有「周監於二代,郁郁乎文哉!吾從周」(〈八佾〉)、「君君、臣臣」(〈顏淵〉)、「如有用我者,吾其為東周乎!」(〈陽貨〉)等說法可知,他推行的政令應該有比較濃厚的復古色彩,很可能會參考、甚至恢復周公的禮樂制度。事實上,他在魯國的墮三都與誅少正卯都與此有關。

雖然我們無法確知孔子具體的施政措施,但幾乎可以肯定他應該是一個保守的「崇古主義」者,認為美好而理想的社會只存在於古代,如今要建立理想社會最有效而直接的方法就是「恢復傳統」。這跟他「述而不作,信而好古」(〈述而〉)的人生態度是一脈相承的。

王莽「托古改制」的結局

孔子雖然為沒有機會貫徹他的政治理想而抱憾,但後來倒是有一個人將類似的理想付諸實現,那就是王莽。王莽出身於西漢末年的外戚豪門,非常喜歡《論語》的他,事母至孝、生活簡樸、待人謙恭，是當時的道德楷模；而他更大的抱負是想完成孔子的遺願，恢復禮樂崩壞前的禮制，因而在掌握實權後，就逼孺子嬰以「禪讓」之名將皇位傳給他，並開始大刀闊斧「托古改制」，仿照周朝的制度推行新政。

新政的主要內容有：推行西周封建，恢復巡狩之制，依時舉行郊祀及大射等古禮。依禹貢而分天下為九州；據周禮，恢復百官古時之稱謂。將土地收歸國有，更名為「王田」，如周朝的「井田」。改奴婢為私屬，不得買賣。仿照《周禮》推行「五均」、「賒貸」和「六管」等管控經濟活動與物價的政策。改革幣制，以金、銀、龜、貝、錢、布為貨幣，嚴禁人民私自鑄錢等等。

結果是民怨四起、天下大亂，不過十餘年，王莽所建立的「新朝」就覆亡，他也被百姓分屍，一場「托古改制」的政治美夢也跟著灰飛煙滅。

孔子、老子、陶淵明都是崇古主義者？

當然，王莽的失敗牽涉到很多複雜的因素，但他的作為至少提醒我們：「文獻上所描繪的美好而理想的古代社會與制度」是一回事，「想在當前環境重建或仿照它們結果會如何」卻完全是另一回事。問題是這些古老的文獻雖然可能有美化與誇大之處，但也從未要求、奉勸後世的人要仿效它們，那為什麼孔子和王莽在擘想或擘劃一個理想社會時，都認為它只存在於古代，我們所能或應該做的就是「恢復傳統」，而不是衡量當前環境與條件，自己提出一個前所未有的遠景與將它付諸實現的藍圖呢？

因為孔子和王莽都是「保守的崇古主義者」，似乎是一個很好的答案。但如果我們放大視野來看，會發現不少人其實也都有類似的看法。譬如在很多方面都跟孔子持不同見解，而且批評孔子仁義觀的老子，他心目中的理想世界見於《道德經》第八十章：「小國寡民。使有什伯之器而不用；使民重死而不遠徙。雖有舟輿，無所乘之；雖有甲兵，無所陳之。使民復結繩而用之。」他想回到的世界比孔子所嚮往的周朝、堯舜還要古老而遙遠。

也許因為老子和孔子都生活於民不聊生的亂世，相較之下，純樸的古代世界就顯得特別有吸引力。但似乎也不盡然，譬如陶淵明所處的時代，中國已由混亂又恢復一統，但《桃花源記》裡的那個理想世界，同樣是「不知有漢，無論魏晉」的「美麗舊世界」。

西方的烏托邦總是指向「未來」

自古以來，西方的哲學思想家對他們所處的現實世界同樣感到不滿，也嚮往一個理想的社會。譬如古希臘的柏拉圖就寫了一本《理想國》，但他的理想世界卻不存在於古代，而是他根據個人的觀察、思考，自行創建的一個虛擬國度。「理想國」裡最理想的領導者，稱為「哲學家皇帝」，必須具有充分的哲學和數學訓練，愛好真理和知識，並把真理和知識傳播給人民。這樣的「理想國」如果能實現，也只會存在於「未來」。

西方人習慣將理想的國度稱為「烏托邦」（Utopia），原文來自兩個希臘語的詞根：ou意為「沒有」（另一個說法eu意為「好」），而topos則是「地方」的意思，兩者合在一起意為「沒有的地方」或「好地方」。所以，理想的國度是「過去所沒有的」，這也是為什麼西方人所臆想的「美麗新世界」都是指向「未來」的最大原因。

「半部論語治天下」背後的心態

北宋開國功臣、名相趙普是趙匡胤最信任的心腹兼謀士，在趙匡胤由「黃袍加身」稱帝至統一中國的過程中居功厥偉，有人說他只讀《論語》這本書，太宗趙光（匡）義因此問他，趙普回答說：「臣平生所知，誠不出此，昔以其半輔太祖定天下，今欲以其半輔陛下致太平。」這是「半部論語治天下」說法的來源。

雖然「周禮治天下」已換成了「論語治天下」，而趙普同樣沒有具體說明他用《論語》的哪一個觀點解決了哪一件棘手的事，但大家還是將這樣的一句「空話」奉為至理名言。它反映的其實是同樣的「崇古主義」：美好而理想的世界不僅只存在於古代，我們要解決當前的問題，還是必須回到

「過去」，從「傳統」裡去找尋藥方和靈感。

擺脫正反兩面的崇古主義

歷朝皇帝對孔子的尊崇，以一兩千年前的「四書五經」做為科舉考試的題目，當然也是這種「崇古主義」的一環。但從清朝末年開始，我們又看到另一種奇特的現象，那就是在為中國的積弱尋找原因時，大家依然到「過去」找答案，認為錯誤和無能的不是現在的自己，而是「古代」的孔子、四書五經等，他們才是「元凶」，所以要「打倒孔家店」！如此「抬舉」古人和傳統文化，其實也是一種變相的「崇古」，可以稱為「負面的崇古主義」。

一百多年來，正面和負面的「崇古主義」一直在拉扯，看似勢不兩立，其實有著同樣的思維：在為問題找答案時，總是「回顧多於前瞻」。要說這是中國異於西方的思維取向也許稍嫌草率，但卻是我們今天解讀《論語》時，應該避免掉進去的思維陷阱。

《論語》，既不是毒藥，更非什麼靈丹。讀完了，我們就要闔上它，往前看。

鬼神與生死——孔子為什麼不是宗教家？

從南北朝開始，就出現「儒教」的說法，與當時逐漸在民間流傳的佛教和道教，合稱為「三教」，有跟佛教和道教分庭抗禮的意味。「儒教」又被稱為「聖教」，而孔子也從「至聖先師」變成了「聖教主」。其實，這只是某些人想用另一種方式來將孔子神聖化，把他的言論和教誨奉為宗教聖典的舉動，很難獲得真正儒家學者的認同。

客觀來說，以孔子為代表的儒家，沒有太多的宗教氣息，它不回答人從何處來、又會往何處去這類問題，它沒有人格神、沒有天堂或來世，不談靈魂與神蹟，它關注的是人如何在這個唯一可見的塵世過著愉快而有意義的人生。但既然有人將孔子奉為教主，我們不妨就從這個角度來探討孔子的教誨（以《論語》為準）跟宗教的異同。

《論語》裡的「天」有四種涵義

在中國古代，「天」有創生與主宰萬物的天帝（上帝）、意志、力量、律則等四個由擬人而逐漸趨向非人的涵義。我們從《論語》裡的「天」，也可以看到這四種涵義，但在比例上，則以後面的幾種涵義居多。

當孔子在衛國時，去見衛靈公的寵姬南子，出來後，子路不悅，孔子說：「予所否者，天厭之！天厭之！」（〈雍也〉）討厭是一種情緒，所以這句裡的「天」有天帝的意思，整句就成了「如果我做了什麼不正當的事，就讓老天爺厭棄我！厭棄我！」另外，孔子也說：「獲罪於天，無所禱也。」（〈八佾〉）人只有對鬼神才會祈禱，所以句中的「天」也有天帝（神）的意思。而當孔子生病時，子路請求向神祈禱，孔子先問：「有諸？」有這回事嗎？然後又說：「丘之禱久矣。」（〈述而〉）這是反話，說他祈禱了很久也沒用；表示孔子對天帝（神）的存在與否和祈禱的作用表示懷疑。

「天生德於予，恒魋其如予何？」（〈述而〉）、「天之未喪斯文也，匡人其如予何？」（〈子罕〉）、「不怨天，不尤人」（〈憲問〉）還有顏淵死時，孔子悲嘆：「噫！天喪予！天喪予！」（〈先進〉）這幾個「天」字，人格神的意味已經很淡，反而讓人覺得是某種更高的、人類難以理解的力量或意志，它也是孔子在五十歲時才深刻認識到、而且表示敬畏的「天命」。

而「天何言哉？四時行焉，百物生焉，天何言哉？」（〈陽貨〉）還有「大哉堯之為君也！巍巍乎，唯天為大，唯堯則之」（〈泰伯〉），這幾個「天」字說的是自然律則，它不會說話，只是默默地讓四時運行、萬物生育；而堯則效法自然的律則來治理天下。整體來說，孔子認為有某種力量創生與主宰著宇宙萬物，它背後含有某些律則，甚至可能具有某種意志，但他不認為那就是一個人格化的神、天帝或上帝。

敬鬼神而遠之，可謂知矣

孔子的這個基本立場也影響了他對鬼神的態度。季路問事鬼神。子曰：「未能事人。焉能事鬼。」（〈先進〉）樊遲問知。子曰：「務民之義，敬鬼神而遠之，可謂知矣。」（〈雍也〉）從這兩句話可知，孔子認為處理好這個塵世的人事比侍奉鬼神重要得多；對鬼神採取存而不論、敬而遠之的態度，才是明智的做法。

雖然認為鬼神「不可知」，但孔子並不反對祭祀鬼神，而且是「祭如在，祭神如神在。子曰：『吾不與祭，如不祭。』」（〈八佾〉）祭祀主要在表達自己虔誠的心意，「雖疏食菜羹，瓜祭，必齊如也」（〈鄉黨〉）即使只是將平常飯菜分一些（瓜）出來祭祀，也一定要像齋戒般莊嚴，重要的不是祭品的多寡與貴賤，而是心意跟態度，因為鬼神是我們過世的祖先或各領域的傑出先輩，以虔敬的心祭祀他們，如此「慎終追遠」，可以使「民德歸厚」（〈學而〉），這是祭祀鬼神的主要用意。但如果去祭祀跟你沒有關係的鬼神：「非其鬼而祭之，諂也。」（〈為政〉）那表示你「別有所圖」，這種「諂媚」就是孔子所反對的。

孔子對「人死之後」的基本態度

對生死問題，孔子也是個「不可知論者」。當季路問死亡究竟是怎麼一回事時，孔子回答：「未知生，焉知死？」（〈先進〉）基本上，孔子對「人從何處來？又往何處去？」這類宗教問題興趣不大，除了因為「不知道」而不說（不知為不知，是知也）外，可能還有另外的考慮。《說苑‧辨物》裡有一段記載。子貢問孔子：「死人有知無知也？」孔子回答：「吾欲言死者有知也，恐孝子順孫妨生以送死也；欲言無知，恐不孝子孫棄不葬也。賜欲知死人有知將無知也，死徐自知之，猶未晚也！」人死後有知無知或會往何處去？原是個可以理性探索的問題，但孔子對探索這類問題沒興趣，他在意的是「答案」（不管是真實或假設的說法）可能會對他所重視的道德和禮儀產生什麼樣的後果。

這段對話雖然未必為真，但卻頗符合孔子的基本立場。我們也可以據此為「孔子相信有所謂天堂的存在嗎？」、「孔子認為人的生命會不斷地輪迴轉世嗎？」、「孔子對靈魂不朽有什麼看法？」這些宗教性的問題提出孔子可能的觀點。

首先，孔子如果相信「天堂」存在，那「天堂」就在這個塵世，也就是靠大家努力而實現的「老者安之，朋友信之，少者懷之」（〈公冶長〉）的社會。其次，孔子不可能相信輪迴轉世，甚至會認為那是一種惑人的邪說；他堅信「此生」才是唯一而可見的存在，他的人倫觀與道德觀也都是植基於此，如果說「你今生的父親是你前世養的一條狗，某人被你殺死是在償還他前世欠你的債」，那孔子所強調的人倫觀與道德觀都將被稀釋化、相對化、荒謬化。最後，一個人要達到「不朽」，可以從立德、立功、立言三方面去努力，死後能永遠得到後人的感念與追思，這才是更真實也更有意義的「不朽」。

孔子本人雖然沒有這樣說，但晚近的儒家學者對上面三個問題也多持類似的推論，這表示孔子和儒家在這方面的觀點應該是相當理性的。

孔子唯一可能的「迷信」

宗教總是會涉及一些神祕、怪異、超自然的現象，而孔子對這些現象的基本態度是「子不語怪、力、亂、神」（〈述而〉），這一方面是因為它們難以理解，孔子不知道就不說；但另一個更重要的原因是他認為這些現象屬於生命的幽黯面，而他關心的是光明面，可以啟發、激勵人們向上的正面的知識和方法。所以對「怪力亂神」就不重視、避而不談。

對於各種神祕現象，在古代總是有各種被信以為真的說法，其中有很多都被現代人視為「迷信」。孔子生活在兩千多年前，雖然很理性，但要說連一點迷信都沒有，似乎也不太可能。要說「天生德於予，恒魋其如予何？」（〈述而〉）是「迷信」也可以，但在《論語》裡，我覺得比較能稱得上孔子「迷信」的只有下面這句：「子曰：『鳳鳥不至，河不出圖，吾已矣夫！』」（〈子罕〉）古老傳說鳳凰（天上的靈鳥）在舜帝在位時飛來人間，而在周文王時鳴叫於岐山；又，更早的伏羲氏看見神獸龍馬背負著圖畫浮出黃河，他根據此圖畫出了八卦。這兩者成了有聖王在世的祥瑞之兆，而孔子在周遊列國，有志難伸後，竟發出這樣的感嘆，就有相信古老傳說的「迷信」意味。當然，你也可以說這只是孔子在遭受挫折時，藉古老傳說來發牢騷，他並不是真的相信那些說法。

孔子相信占卜或風水嗎？

有人也許會說，孔子為古老的《易經》寫了〈繫辭〉、〈彖傳〉、〈象傳〉等「十翼」而成《易傳》，在〈繫辭上傳〉裡不僅有「河出圖，洛出書，聖人則之」的說法，更有「八卦定吉凶，吉凶生大業」、「君子居則觀其象而玩其辭，動則觀其變而玩其占」等等，這些也算「迷信」嗎？就是因為有孔子寫的《易傳》，《易經》（含《易傳》）才成為「五經」之一，如果說這是「迷信」，那不是在詆毀孔子嗎？

首先，我必須指出現在絕大多數專家都已認為《易傳》成書於戰國時代到西漢年間，其中多陰陽家的觀點，乃是假借孔子之名的一本偽書。不只《易傳》，連《春秋》是否為孔子所作也都是存疑的；當然更不用談一大堆古書裡的「子曰」和孔子事蹟了。整體而言，只有《論語》最能代表孔子的思想，而《論語》裡談到《易經》的只有兩處，一是「加我數年，五十以學易，可以無大過矣」（〈述而〉），這表示他學《易經》是為了避免犯大的過錯，並不是為了學占卜、想預知吉凶。另一個是在〈子路篇〉，孔子提到「不恆其德，或承之羞」，這是《易經》恆掛的爻辭，但孔子卻強調：「不占而已矣。」不用占卜也知道結果，這表示孔子在論人論事時，重視的是德行，而非占卜。

其實，想靠占卜來趨吉避凶，跟孔子的基本信念是背道而馳的。後來又有人附會孔子也相信陰陽五行、堪輿風水等，除了找不到可信的資料外，想靠祖先葬個好風水而非個人才學與品德來博取功名利祿，更是和孔子的基本信念與教誨背道而馳。

它沒有宗教的「缺點」

總上所述，孔子是一個理性主義者。雖然在他那個時代，理性主義還無法像今天這樣對很多生命問題提出合理的解釋，但孔子堅守他的原則，對他不知道的問題存而不論，而不像其他宗教說了一大堆現在難以自圓其說的說法。也許這使他失去或缺乏一個宗教教主應有的「魅力」，但我覺得這其實是好事。

有些人認為，中國就是因為沒有像基督教、佛教、回教這些具有「終極關懷與奉獻」精神的本土宗教，所以只重視世俗的享樂，精神生活則相對貧乏。其實，要有豐饒的精神生活並不需要宗教，譬如在期待「上天堂」或「積功德」的宗教觀念下潔身行善，並不見得就多「有品」；像孔子所說以仁、義為出發點的「己欲立而立人，己欲達而達人」，可能更勝一籌。而悠遊於各種藝術活動（游於藝），藉以陶冶性靈，豐富精神生活，也都是孔子所重視和提倡的，問題是自己究竟做了多少。

孔子和儒家也許沒有像其他宗教一樣，建立一套讓人在日常生活中必須嚴格遵守的宗教儀式（譬如禱告、上教堂等），它的規範相對寬鬆，期待當事者的「自省」，但我們不能說這是它的「缺點」，頂多只能說它沒有宗教的「缺點」。

心靈真貌——人人心中都有君子和小人

所謂「物以類聚，人以群分」，人類有個天性，喜歡將他所看到的生物和人分類，而且發現相類似的人和生物喜歡聚在一起。分類的方法很多，譬如根據外貌、性質、血緣、地位等等，這些類別就好像標籤，暗示著某種易於辨識的群組特徵。我們每一個人都可以依這些分法而被歸屬於好幾個不同的品類中，讓人很快根據這些群組標籤推測你可能是怎樣的人，這樣做雖然方便，但卻也常常出錯。

孔子也將人分類，他將人分為「君子」與「小人」兩大類。

君子與小人在《論語》裡的三種含義

《論語》裡提到的君子與小人，若仔細分辨，可以發現他們其實有三種不同的涵義，代表三種不同的分類法。譬如「君子之德風，小人之德草」（〈顏淵〉）、「君子學道則愛人，小人學道則易使」（〈陽貨〉），這些是依照地位來做分類，文中的君子指的是國君與大夫等統治階級，小人指的則是被統治的一般平民。而「子謂子夏曰：『女為君子儒，無為小人儒。』」（〈庸也〉）、「君子上達，小人下達」（〈憲問〉），則是依見識來做分類，君子指見識高遠的人，而小人則指見識短淺者。「君子喻於義，小人喻於利」（〈里仁〉）、「君子和而不同，小人同而不和」（〈子路〉）、「君子泰而不驕，小人驕而不泰」（〈子路〉），則是依品德來做分類，君子指品德高尚的人，而小人則指品德低下者。

有時候，一句話裡的君子與小人可以適用於兩或三種分類；但整體來說，以品德來做分類的「君子／小人」組最多。在孔子之前，君子與小人原本只意指統治者和被統治者，孔子衍生其義，將具有仁、義、禮、信、孝、謙、勇等良好品德的人稱為君子，而小人則反之。後來大家所說的君子與小人，指的就都是品德高尚和低下的人；這種依品德來為人做分類，並且將成為一個君子做為完善自我和生命追尋的目標，可以說是孔子所帶動的一種進步。

老莊對仁義道德的批評

但要如何成為一個具有仁、義、禮、信等美德的君子，還有它的價值，卻從春秋戰國時代開始，就受到不少有識之士的質疑與嘲諷，我這裡只簡單談一下老子和莊子的看法。

老子在《道德經》裡說：「大道廢，有仁義；智慧出，有大偽；六親不和，有孝慈；國家昏亂，有忠臣。」意思是他認為在世道衰敗、家庭失和、國家昏亂的時候，因為多數人都表現得不仁、不義、不忠、不孝，所以仁、義、忠、孝等德行才會受到重視與鼓吹；標榜和鼓吹這些德行看似有益世道人心，但問題是要在行為上真正符合這些德性很難（前面說過，連孔子都承認他做不到「躬行君子」〈述而〉），關鍵就在於「智慧出，有大偽」，一些「聰明人」發現假裝自己有那些德性不僅較容易，而且還可以贏得君子的美譽，何樂而不為？結果就反而為社會製造一大堆的「偽君子」。

莊子更以「彼竊鉤者誅，竊國者為諸侯，諸侯之門而仁義存焉」，來說明所謂「仁義道德」其實是相對性的，看詮釋權落在誰的手中而定。他更藉盜跖來諷刺孔子：「今子脩文武之道，掌天下之辯，以教後世，縫衣淺帶，矯言偽行，以迷惑天下之主，而欲求富貴焉，盜莫大於子。」也就是認為孔子其實也是個「偽君子」。

因為有這樣的看法，所以老子又說：「絕聖棄智，民利百倍；絕仁棄義，民復孝慈。」而莊子也說：「聖人不死，大盜不止。」意思是不要刻意去標榜什麼仁義道德、歌頌聖人，社會人心就不會再那麼虛矯，反而能恢復純樸自然。

孔子也提醒我們要防範「偽君子」

老子和莊子並非反對仁義等德行，而是認為就像孔子所說仁是出乎本性，其他德行又多從仁衍生，所以根本不必特別強調、刻意標榜，讓人自然流露就好。他們擔心刻意標榜反而會為社會製造出一大堆偽君子，這確實是個必須認真看待的問題。

孔子自己其實也注意到這個問題，他在跟子張談「聞」與「達」時，就說有一種人「色取仁而行違，居之不疑。在邦必聞，在家必聞」（〈顏淵〉），只會在外表或言談中裝出「仁」的樣子，但行為卻違背了「仁」，而自己對外還以「仁人君子」自居，一點也不覺得慚愧，這種人在哪裡都會擁有好名聲，而他們就是老子和莊子所說的「偽君子」。真正的君子並不見得會有好名聲，所以，孔子其實也已經提醒我們，在看到大談仁義道德、儒家思想、以君子自居或被認定是君子、擁有好名聲的人，我們一定要去考察、了解他們的行為（譬如和父母、妻子、兒女、同事的關係、私生活、操守等），在沒有確實的資訊可做為檢驗前，千萬不要「聽其言」就信以為真。就像孔子所說，君子是我們完善自我的目標，但真正做到的人其實很少，在你遇到一個「真君子」前，可能已經被十幾個「偽君子」矇騙過了。

君子與小人是不可改變的標籤嗎？

關於君子與小人，還有一個更常被忽略的問題。在《論語》裡，孔子通常只言簡意賅地提到君子與小人判然有別的特徵，譬如「君子喻於義，小人喻於利」（〈里仁〉）、「君子坦蕩蕩，小人長戚戚」（〈述而〉）、「君子泰而不驕，小人驕而不泰」（〈子路〉），它們難免會讓人聯想只要是君子，那就是喻於義、坦蕩蕩、泰而不驕的，擁有孔子所說君子的一切特徵；而小人則反之。又因為君子和小人的特徵是如此南轅北轍、壁壘分別，讓人覺得他們應該分屬敵對的陣營，不可能有熱絡的交流（這也是為什麼在中國歷朝的黨爭中，總是有一方會自詡為君子陣營，而將對方說成是小人集團）。

而且，又因為孔子（或紀錄者）的習慣是對很多問題都只談結論，不提過程，譬如一個人是怎麼成為君子或小人的呢？中間會有什麼變化或波折嗎？君子會變成小人嗎？小人能成為君子嗎？由於缺乏這方面的討論，容易讓人誤以為君子是永遠都喻於義、坦蕩蕩、泰而不驕的，他們擁有的這些特質是恆常性的、不會改變的。反之，小人也一樣。

當然，孔子並沒有這樣說，但這卻是普遍存在的誤解，而且產生一些不好的影響。

心中「君子」「小人」的衝突與和解

西方學者（特別是近代）在探討人性或人格時，多半認為人的心靈（人格）相當複雜，而且經常處於矛盾、衝突狀態。譬如精神分析大師佛洛伊德認為每個人的心中都有三個我：「原我」（id）是人格中較低下的成分，依快樂原則來行事，彷如我們心中的魔鬼（形同孔子所說的小人）；「超我」（super-ego）是人格中較高尚的成分，依道德原則來行事，彷如我們心中的天使（形同孔子所說的君子）；而「自我」（ego）則是日常生活的應對者，依現實原則來行事，是我們心中的凡人。這三個「我」

的矛盾、衝突，讓人產生各種人生煩惱與心理困擾。

說句老實話，當我第一次接觸到佛洛伊德的這種觀點時，我就覺得這才是「較接近人類心靈真貌的描述」：我們每個人的心中都有一個「君子」，但也有一個「小人」，它們經常處於矛盾、衝突狀態；人生原本就是非常複雜而矛盾，我們經常要面對各種大大小小的、或此或彼的選擇，自我在審時度勢後，有時候讓心中的「君子」壓過「小人」，以義為重、泰而不驕；有時候則是「小人」勝過「君子」，變得以利為重、驕而不泰。每個人心中的「君子」與「小人」都是一種起起伏伏的動態關係。

因為這種認識，我不喜歡也不相信人可以簡單、靜態地分為君子與小人兩種類型：「君子」在任何情況下都會有「君子」的選擇和表現；而「小人」則反之。更對不少以宣揚傳統文化為飯碗的人自詡為「君子」，而把和他們意見不同（遍及文化、經濟、政治等範疇）的人都打為「小人」的社會現象頗為厭煩。

佛洛伊德認為，一個健全而理想的人格是要強化「自我」，藉以約束「原我」的盲目衝動，同時擺脫「超我」的僵硬束縛；也就是說，要約束「心中小人」的盲目衝動，同時擺脫「心中君子」的僵硬束縛，他認為這樣才能過合理、讓自己滿意的人生。而孔子則主張我們最好將「小人」趕出自己的心中，成為完美的「君子」。

孔子的理想當然較高，但「躬行君子，則吾未之有得」（〈述而〉），連孔子自己都承認，他無法在各方面都是身體力行的君子，我當然就更加沒有辦法。還好，我從未認為或期待自己是一個「君子」，我只希望和要求自己，在面對人生的各種情況，當我心中的「君子」和「小人」發生衝突時，「君子」戰勝的機會能多一些，而且是朝這個方向在發展。

程朱理學——打倒孔家店，救出孔夫子

很多人都聽過「打倒孔家店」這句口號，多少也知道這是民國初年五四新文化運動的一個訴求。但當我想進一步了解它的詳情時，卻發現兩個滿有意思的說法：一個說當年喊的其實是「打孔家店」，而非「打倒孔家店」；一個說口號其實有兩句，完整的口號應該是「打倒孔家店，救出孔夫子」。因本書談的是孔子和《論語》，而非五四，所以我們只提相關的部分。「孔家店」是指以孔子為號召的一個龐大組織，販賣的是儒家傳統思想、三綱五常、四書八股科舉、吃人的禮教等等；而「救出孔夫子」則表示這個盤踞在中國社會裡千百年的「孔家店」只是綁架孔子，以他為人質的「黑店」。只有打倒它，才能救出孔子，恢復他真正的思想與精神。而「孔家店」裡最大的掌櫃就是程朱理學。

程朱理學的主要觀點

自從西漢的董仲舒「罷黜百家，獨尊儒術」後，孔子和儒家思想就逐漸被神聖化、教條化，而到兩宋的「程朱理學」又達到另一個高峰。理學又稱為「義理之學」或「道學」，北宋的程顥、程頤兩兄弟和南宋的朱熹為其代表人物。程朱理學以孔子和孟子的儒家思想為主體，但也吸收了陰陽五行、道家與佛教的某些觀念，形成一個比較有系統的哲學體系。

程朱理學基本上認為「理」是宇宙萬物的起源與法則（類似於「道」），而且它的本質是「善」的，賦予人就成了人的天性（性本善），賦予社會就成了規範性的「禮」。但就像程頤所說：「大抵人有身，便有自私之理，宜其與道難一。」因為人的私欲會蒙蔽與生俱來的善良本性，而使人在這個濁世迷失了，所以就要自我克制，也就是朱熹所說的「存天理，滅人欲」，在消除後天的人欲，恢復天理本性後，自然就能建立一個合乎「仁」與「禮」的理想社會。孔子的「克己復禮」到理學家的手裡變成了更嚴厲的「存天理，滅人欲」。

「滅人欲」曾引起很多人的反感，但朱熹辯解說「人欲」並非指本能的欲望。而是「飲食，天理也；山珍海味，人欲也。夫妻，天理也；三妻四妾，人欲也」，他認為出乎自然的本能欲望應該「存」，他要「滅」的是後天添加且過多的非自然欲望。

「聖人」與「貞婦」的虛矯荒謬

理論上，程朱理學的基本概念似乎相當合情合理，但實際上卻窒礙難行。最主要的原因是它對人的期望或者要求太高，孔子當年說他不敢妄想自己是「聖人」，連「躬行君子」都難以做到；但程朱理學卻認為「人人皆可成為聖人」（應該是從孟子的「人皆可以為堯舜」而來），泉州開元寺入口的一副對聯：「此地古稱佛國，滿街都是聖人。」就是朱熹所作，但哪有什麼「聖人」？一九八九年我去泉州時，就在開元寺附近遇到一群騙子。根本沒有人能成為「聖人」，但卻說得頭頭是道，那自然就會流於虛矯。

程頤的「餓死事小，失節事大」，鼓吹寡婦守節，寧可餓死也不可再嫁，就是在要求她們當「聖人」。但認真說來，人餓了要吃飯才是「天理」，寡婦為了避免餓死而再嫁，應該是「存天理」；而要求婦女貞節，根本就是為了滿足理學家的道德妄想，也就是滿足他們的「人欲」；在自然界（理學家所認為的「天」），有什麼雌性動物是一夫一妻，而且寧可餓死也不願和其他雄性交配的？所以，就邏輯上來說，程頤的「餓死事小，失節事大」，本質上是在「滅」自然的「天理」，而「存」他個人「人欲」的荒謬觀念。

但就是這樣一個荒謬觀念，在政府的推波助瀾下，在近千年間成了摧殘無數中國女性的「吃人禮教」。

蘇東坡罵程頤是「糟糠鄙俚」

更重要的是這些以儒家道統自居的理學家的人品。程頤是個非常嚴肅、正經的道學家，他跟個性灑脫豪邁的蘇軾彼此看不順眼，林語堂的《蘇東坡傳》提到一個故事：司馬光去世後，喪禮由程頤主持，蘇軾等人先到太廟參加大典，然後再到司馬光家弔祭，但卻被程頤攔下，不准他進入。程頤說《論語》提過：「子於是日哭，則不歌。」（〈述而〉）蘇軾在太廟的大典裡唱過歌，所以不能來哭喪，這樣才合古禮。蘇軾很不以為然，說：「孔子只是哭過就不再唱歌，卻沒有說唱歌之後就不能哭。」說完，就闖進了靈堂。

但在靈堂，卻沒有看到司馬光的兒子。蘇軾很驚訝，也很不解，因為按照禮俗，孝子應該披麻帶孝在靈堂內向弔客回禮。他問程頤這是怎麼一回事？程頤說他認為父親死了，兒子理當悲痛過度，怎麼還能出來搞送往迎來那一套呢？所以他要司馬光的兒子自己躲到屋子裡悲痛，不要出來。蘇軾聽了，當著眾弔客的面，罵了一句：「糟糠鄙俚叔孫通！」意思是程頤就像西漢初年為劉邦制定朝堂禮儀的叔孫通般迂腐，還自以為是！眾弔客聽了哄堂大笑，而程頤則氣得說不出話來。

林語堂說這個故事一定有所本，由此亦可知程頤是個相當死板、不近人情的人。

朱熹被彈劾的「十大罪狀」

朱熹的可議性則更大。朱熹把《大學》和《中庸》從《禮記》裡獨立出來，與《論語》和《孟子》合稱「四書」，而且為它們編撰了《四書集注》，後來還成為科舉考試的範本，此事對孔子和《論語》

的功過，前面已簡單提過。但要說朱熹的私德是否真如他所極力鼓吹的「存天理，滅人欲」，那可能會讓人大搖其頭。

朱熹不僅是當時的理學宗師，而且當了四十八年的官，在地方二十七年，在中央則擔任過皇帝的侍講官、直寶文閣待制等。但在宋寧宗慶元二年，卻遭受監察御史沈繼祖彈劾，沈繼祖羅列了朱熹的十大罪狀，包括「不孝其親」（朱熹自留好米，卻以市售的倉米給母親做飯）、「不敬於君」、「不忠於國」、「玩侮朝廷」、「為害風教」、「私故人財」等等，其中還包括「誘引尼姑二人以為寵妾，每之官則與之偕行」，「家婦不夫而孕」（長子過世後長媳又懷孕，有人懷疑是朱熹偷媳婦）。

即使是普通官員，這也是很嚴厲的指控，更何況朱熹是理學宗師？當然沈繼祖的彈劾有政治鬥爭的意味，十大罪狀可能有誇大之處，但令人納悶的是，當時已經垂垂老矣的朱熹居然「上表認罪」，說自己是「草茅賤士，章句腐儒，唯知偽學之傳，豈適明時之用」，表示要「深省昨非，細尋今是」，結果朱熹被革職，而他所宣揚的理學也被稱為「偽學」，被列為「偽學逆黨」的官員多達五十九人。

後世有人替朱熹辯解，說沈繼祖的指控是空穴來風，但問題是朱熹為什麼要認罪？而且他的認罪說詞還被收錄在《朱文公全集》裡？孔子不是說過：「志士仁人，無求生以害仁，有殺身以成仁。」（〈衛靈公〉）以儒家道統自居的朱熹的表現，實在會令孔子吐血！而事發時，那些得到朱熹真傳的「偽學逆黨」（包括門生）也都噤若寒蟬，紛紛做鳥獸散，或藏匿不出或改弦更張。

這就是南宋時打著孔子旗號的「孔家店」，令人哭笑不得。

更變本加厲的「孔家店」

朱熹不只是一個「偽君子」，他的很多說法也都背離了孔子在《論語》裡的觀點。譬如對於鬼神，孔子是「敬鬼神而遠之」（〈雍也〉）的不可知論者，但朱熹卻大談鬼神，他綜合《易經》、陰陽家、道教、佛教的說法，將它們納入儒家的脈絡中，譬如他認為「鬼」是人死氣散但尚未散盡時的狀態，而死者的怨氣太強則會成為厲鬼；儒家的祭祀活動則是要讓祖先的魂魄不至於分離耗散，繼續當「鬼」。他還說有些「鬼」具有可見的形體，就像虹霓一般。

朱熹也相信「山環水抱，藏氣聚風」的風水之說，認為只要祖先墓地的風水好，就能庇蔭子孫富貴（而非孔子所說的靠才學和品德）；因此他為父親遷了三次墳，還霸占別人家的墓地，挖出人家祖先的棺木，改葬他母親。總之，朱熹對亂力亂神似乎情有獨鍾，但就是這樣一個違背孔子教誨的人，卻被後世的儒家奉為繼孔子之後的另一個「聖人」。

在朱熹身敗名裂而死後不久，又有人倡議恢復朱熹的學說和名譽，特別是他的《四書集注》在元朝成為科舉考試的指定範本後，程朱理學很快又成為顯學，甚至凌駕於孔孟之上。就像明末清初的熊賜履所說：「程朱之學，即孔孟之學。若程朱非，則孔孟亦非矣。程朱之道，孔孟之道也。學孔孟而不宗程朱，猶欲其出而不由其戶，欲其入而閉其門也。」乾隆時更下詔說，程朱之學「得孔孟之心傳……循之則為君子，悖之則為小人；為國家者由之則治，失之則亂；實有裨於化民成俗，修己治人之要」。

很少人再去談論程頤和朱熹的人品，似乎認為那純屬私領域，要成為儒學宗師，重點在於如何把話說得漂亮。這樣的「孔家店」又比南宋時代更變本加厲，而中國絕大多數的讀書人就如此這般被推進一個浮誇、虛矯、扭曲的世界裡。

程朱之道不熄，孔子之道不著

當然，在明清兩朝，也有反對程朱理學的，譬如清朝初年的顏元，他早年原也是理學的信奉者，但後來在經過自己的慎思明辨後，覺得程朱理學其實是背離了孔孟之道（特別是孔子），因而倡議要「直歸孔孟」，方法就是「必破一分程朱，始入一分孔孟」，並且「程朱之道不熄，孔子之道不著」。他痛斥朱熹「滿口胡說」、「自欺欺世」，更認為「率天下入故紙中，耗盡身心氣力，做弱人病人無用人，皆晦庵（朱熹）為之也！」

這樣的觀點和聲音，到了五四新文化運動時，就成了「打倒孔家店，救出孔夫子」的口號，因為程朱理學正是打著孔子旗號，但卻扭曲孔子學說的「孔家店」最大的掌櫃。我們現代人想認識孔子或儒家思想，《論語》就是最簡明、平實的代表作；除了少數學者外，很少有人會再去了解程朱理學，但我們必須知道這段歷史，了解孔子和《論語》為什麼會在近代受到批評、讓人產生反感，問題不在孔子和《論語》，而是「孔家店」裡的那些假道學和偽君子。

格物致知——儒家具有科學精神嗎？

如果有人說孔子和儒家缺乏實事求是的科學精神，一定也有人會立刻反駁說，《大學》裡的「格物致知」就是在實事求是，完全符合現代人強調的科學精神。這樣的說法沒有錯，因為你翻開任何一本辭典，「格物致知」的解釋大抵是「窮究事物原理，從而獲得知識」，這的確是一種科學精神。查它出處的《大學》全文是：「物格而後知至，知至而後意誠，意誠而後心正，心正而後身修，身修而後家齊，家齊而後國治，國治而後天下平。」從這段話可知，格物、致知還是誠意、正心、修身、齊家、治國、平天下的基礎，但「格物、致知」是什麼意思，《大學》隻字未提，而從全文的脈絡看來，它和現代所說的科學精神似乎也有一段距離，我們有必要對這個問題做一些歷史考察。

孔子的實事求是精神

孔子在《論語》裡並沒有提及「格物致知」，但當樊遲想向他學稼、學圃時，孔子雖然認為這不是儒家應該關心和學習的重點，但他回答「吾不如老農」、「吾不如老圃」（〈子路〉），卻相當具有實事求是的科學精神，這表示他不只不會強不知以為知，而且承認在這方面具有實務經驗的老農與老圃，才是樊遲應該請教的專家。

當然，我們也必須承認孔子對人格與政治的關注要遠大於自然事物，但他在了解一個人時，「視其所以，觀其所由，察其所安，人焉廋哉？人焉廋哉？」（〈為政〉）其實就相當符合實事求是的科學精神，也是一種「格物（人）致知」。而對於為政之道，孔子雖然有「為政以德」、「齊之以禮」（〈為政〉）的基本觀點，但當魯哀公、衛靈公、季康子、子路、子張等不同的人問政時，他卻又能根據國家與個人的情況而提出不同的建議，這也是一種針對客觀情勢和個別需要、實事求是的做法。

程朱理學的格物致知觀

北宋的司馬光是率先給予《大學》高度評價的學者，他還寫了一篇〈致知在格物論〉，但觀點卻跟現代有很大的差異，他認為「格，猶扞也、御也」，所以「格物致知」的意思是「抵禦外物誘惑，而後知曉德行至道」。程頤則提出不同的觀點，他說：「格猶窮也，物猶理也，猶曰窮其理而已也。」格物是在窮究事物，但因「知者吾之所固有，然不致則不能得之」，意思我們只有透過窮究外在事物來激發、了解內心本有的知識（即「天理」）。而朱熹則更進一步發揮程頤的論點：「蓋人心之靈，莫不有知，而天下之物，莫不有理。惟於理有未窮，故其知有不盡也。」也就是說認為「物心同理」，我們要窮盡萬物之理，才能讓心中所具之理完全顯現出來。

客觀而言，程頤和朱熹的說法較為合理，雖然他們認為的「知」是心中本有，而且也比較偏向德行，更把自然律則和社會規範混為一談（跨層次的天人合一觀）；但已指出想要了解或驗證心中之理，不能只靠反省，而要以觀察、窮究外物為方法，這對孔子以降的儒家來說，的確是一大進步。

朱熹格物致知的方法

英國的李約瑟（Joseph Needham）在《中國的科學與文明》（即《中國科學技術史》，*Science and Civilisation in China*）一書裡提到，中國的科學發展在宋代之所以能大放異彩，跟程朱理學有密切關係。這當然不無可能，但科學發展除了科學精神外，更要有科學方法，程頤和朱熹雖然強調「格物致知」，但對於要如何「格物」（也就是方法學），卻著墨不多，基本上還是各憑己意。在《朱子語類》裡，我們可以看到朱熹在這方面的不少論述，茲舉數例如下。

當時民間普遍相信鬼神的存在，朱熹注意到這個現象並加以探討，可以說是一種進步。他會提到某人或某家見了鬼，但他不是去調查、記錄、分析個人之特質與所見鬼之異同，而是開始議論：「鬼神主乎氣，為物之體；物主乎形，待氣而生。蓋鬼神是氣之精英，所謂誠之不可掩者。誠，實也。言鬼神是實有者，屈是實屈，伸是實伸。屈伸合散，無非實者，故其發見昭昭不可掩如此。」這其實只是他個人的主觀思考，而他認為定期祭祀祖先可使祖先的魂魄之氣不致於耗散，更不知道他是靠觀察什麼現象而得到的「知識」。

對於其他異象的觀點也大抵如此，譬如他提到有好幾個人親眼看到「蜥蜴造雹」、「龍行雨」等自然異象，認為從天降下的冰雹是蜥蜴製造的、雨是從龍的嘴裡吐出來的，他也沒有親自去觀察下冰雹和下雨的各種情形，而是去「探究」別人怎麼說，告訴我們程頤認為「雹有大者，彼（蜥蜴）豈能為之？」所以，並不是所有的雹都來自蜥蜴。

我提這些，完全無意於嘲諷朱熹不懂科學方法，只是要讓大家知道程朱理學的「格物致知」跟我們現在理解的科學精神與方法是非常不同的。

王陽明從格竹格出了心學

明朝的王陽明被公認是復興儒學的另一位大學者。他年輕時代也信奉程朱理學，而且要身體力行、格物致知。他要格的物是竹子，於是在二十一歲時和一個友人坐在院子裡的一叢竹子前面，除了吃飯睡覺外，整天盯著竹子看，以為竹子會自動閃現出什麼道理來，但格了三天，那位友人因不耐與產生幻覺就放棄了，而王陽明卻鍥而不捨地繼續端坐格竹，結果到第七天，他自己竟病倒了。這個經驗使他懷疑程朱理學，而開始轉向陸九淵所說的「心即理也」，宇宙和聖人的道理都在自己心中，不用別尋他索。

後來，王陽明更進一步認為「心外無理，心外無物，心外無事」，並且「萬物之理不外於吾心」，甚至「無善無惡心之體，有善有惡意之動，知善知惡是良知，為善去惡是格物」，格物不再是窮究外物，而是在修持心性、正心誠意，而要致（得到）的則是良知、天理。

因為和過去的程朱理學有所差別，所以陸九淵和王陽明的學說又被稱為陸王心學。「心外無理，心外無物」，讓人想起佛家的「萬象唯心現」、「萬法唯心造」，事實上，王陽明的心學就深受佛教、特別是中國禪宗的影響；當然，他所認為的「格物致知」離現在觀點裡的科學精神與方法，也就更遠了。

從唯心主義到量子論的思考

如果問一個現代人，如何以竹子為對象來格物致知，我想多數人的做法是直接去觀察竹子，透過視覺、聽覺、觸覺等去了解竹子的各種特徵；不只觀察一根竹子，還要觀察各種竹子；不只觀察一時，還要追蹤它們的成長過程；甚至還要將其根、莖、葉剖開來，研究其構造，並和其他植物做比較等等。應該沒有人會像王陽明一樣端坐在竹子面前，要竹子自行顯現或在觀者心中浮現它蘊藏的天理（知）。

這也難怪近代有些學者會將程朱理學稱為客觀的唯心主義，而陸王心學則為主觀的唯心主義。基本上，孔子也是偏向唯心主義，認為主導塵世的力量，意識（心）要大於物質；程朱理學稍稍將它拉往關注外在的物質世界，但很快又被王陽明拉回更加主觀的唯心世界。

唯心主義當然也有它的優點與特色，譬如王陽明《傳習錄》記載：

王陽明遊南鎮，一友指岩中花樹問：「天下無心外之物，如此花樹在深山中自開自落，於我心亦何相關？」王陽明說：「你未看此花時，此花與汝心同歸於寂；你來看此花時，則此花顏色一時明白起來；便知此花不在你的心外。」這與量子物理學裡的謝洛丁格波（Schrodinger wave），對物質在獨立存在與被觀察時之存在狀態的描述有神似之處，而量子物理學家紐曼（John von Neumann）認為所謂「物質真相」，也許只是人類想像力的一種虛構，唯一真正的真實是「思想」的說法，更有著濃厚的唯心主義色彩。

但我們要知道西方的物理學界是在長期由唯物主義領銜演出，並獲得豐碩成果後，才在最近慢慢多一點唯心主義色彩的（當然，在古希臘時代，亞里斯多德的物理觀也是相當唯心主義的）。而中國對人類所處世界的主流觀點，卻一直是唯心主義的，而且在王陽明所處的十五、六世紀更達到高峰。這跟中國科學的不發達與難以突破，顯然有一定程度的關係，但卻跟孔子沒有什麼關係。

知行合一：知而無行乃偽知

王陽明心學的另一個重點是「知行合一」，這讓人想起孔子所注重的「言行一致」，不過意義可能很不一樣。王陽明說：「知是行的主意，行是知的工夫；知是行之始，行是知之成。若會得時，只說一箇知，已自有行在，只說一箇行，已自有知在。」很多人認為「知」和「行」是兩回事，所謂「知易行難」，知道了卻做不到；但王陽明卻認為「知」和「行」根本就是一體的：「知之真切篤實處即是行，行之明覺精察處即是知。知行工夫本不可離。只為後世學者分作兩截用功，失卻知行本體，故有合一並進之說。真知即所以為行，不行不足謂之知。」

如果你沒有立即而相符合的「行」，甚至反其道而「行」，那你根本不能說是「知」，你所談的只是「偽知」。這對過去一些只會說漂亮話，但自己卻根本做不到；或是「滿口仁義道德」，但卻「一肚子男盜女娼」的人，應該特別具有警惕與批判作用。當然，王陽明所說的「知」幾乎全是「良知」，跟現在所認為的「知識」交集很小。

向「老農」和「老圃」學習

總之，在大致了解程朱理學和陸王心學對「格物致知」的看法後，我們應該比較能了解到底是誰讓儒家背離了實事求是的科學精神。相較之下，我覺得孔子說如果要學習或得到農業知識，應該去請教「老農」和「老圃」，才是實事求是的做法。因為他們才是長期且親身觀察、參與農作物的栽培、成長、收成，並從中獲得知識和方法的人，也就是因「格物」而「致知」，理應受到儒家尊崇的賢者。

孔子雖然沒有提到「格物致知」，但他的這個觀點反而是比較接近現代的科學精神和方法的。所以從各方面來說，如果我們想獲得儒家的滋養，那麼直接讀《論語》，直接領會孔子的精神，就是最好的方法。

心物兼備——彌補正向心理學的缺失

正向心理學是當今的顯學，也是心理學的主流，它以研究「能使個人和社區繁盛的力量與美德」為宗旨，跟過去以治療心理困擾、精神疾病的各派心理學大異其趣，也難怪會被稱為「幸福的科學」。在序言裡，我還提到正向心理學所關注與強調的六種美德、二十四種特質也都是孔子所關注和強調的，前四篇對《論語》的介紹與解說，也大致以此為基調。

但心理學或哲學史告訴我們，除非有政治力的介入，否則所有的顯學和主流，最後都會失去它惑人的光芒，而被另一種學說所取代。因為沒有一個學說能完整解釋人類的心靈、思想和處境，並提出廣泛有效的處方或靈丹。正向心理學無法自外於這個宿命，這也是孔子和《論語》在隨著正向心理學與其他因素而水漲船高時，我們應該有的認識。

健全與病態的靈魂

孔子致力的是「人學」，但他對人和人性的理解透徹嗎？深刻嗎？當然是不夠透徹和深刻，這不只是時代的關係，更有角度的問題。前面已說過，孔子主要是從正面、積極、樂觀的角度來看人和世界，孔子是「見賢思齊焉」（〈里仁〉）、「見不善如探湯」（〈季氏〉）、「子以四教：文，行，忠，信」（〈述而〉）、「子不語怪、力、亂、神」（〈述而〉），他對人生陰暗、怪異、錯亂的一面沒興趣，也不想了解。

這讓我想起美國心理學之父威廉・詹姆士在《宗教經驗之種種》（*The Varieties of Religious Experience: A Study in Human Nature*）一書裡的看法，他將宗教人格分為健全與病態兩種，所謂「健全的宗教人格」是指熱忱、樂觀、無懼、活力充沛，對宇宙秩序具有篤定信心的人，這似乎是較令人讚賞、喜愛的一類，但詹姆士卻認為這一類的人「膚淺」，他個人比較信賴「病態的靈魂」，也就是宗教憂鬱者的經驗，這一類的人具有「邪惡意識」，認為人性是黑暗、不可信賴的，生命是空幻無益的。

如果用詹姆士的觀點來看《論語》和當前的正向心理學，那也許都會被認為「膚淺」：人和這個世界並非如他們所認為的那樣單純、樂觀；陽光再怎麼普照，黑暗依然存在，黑暗就像瞳孔，甚至能讓我們看清什麼才是生命和世界的真相。

樂觀者的自我評價常誇大不實

正向心理學之父塞利格曼早年研究的主題是「後天無力感」，也就是後天的情境如何讓人自覺失去控制事物的能力，而變得悲觀、憂鬱、絕望。其中有一個研究項目是將受測者依其特質分為「樂觀組」（健全）與「悲觀組」（憂鬱），然後要他們藉按鈕來控制燈光的亮與不亮（燈光的亮或不亮是早就安排好的，跟受測者的按鈕與否完全無關，但受測者事先不知道）。實驗完畢後，要受測者估計自己對燈光的明滅有多少控制力，結果發現，「悲觀組」（憂鬱）對自身控制力的估量非常接近事實，而「樂觀組」（健全）對自身的控制能力則做出相當誇大的估量。

奧勒岡大學的研究者做了另一個實驗：還是先將受測者分為「樂觀組」與「悲觀組」，要他們個別在一個房間裡和一群人交談，另有一群旁觀者則坐在另一個房間，透過單向鏡面觀察他們交談的經過。事後詢問受測者認為自己的社交手腕如何，以及旁觀者認為受測者的社交手腕如何（都以十七個形容詞分一到五級作評估），結果發現，「樂觀組」大多認為自己的社交手腕相當不錯，比旁觀者對他們的評估要高出許多；而「悲觀組」對自己社交手腕的估量雖然不是那麼精采絕倫，但卻相當接近旁觀者對他們的估量。如果說「旁觀者清」，那這個實驗同樣表示「悲觀組」（憂鬱）對自己的看法才是比較清晰與真實的。

悲觀不是「不對」，而是「不當」

這些實驗告訴我們，悲觀（憂鬱）的人對自己和世界的認知，可能比較接近「真實」的情況，而樂觀（健全）者反而是「誇大不實」的，或者是詹姆士所說的「膚淺」。這是我們在理解「樂觀取向」的正向心理學和孔子的《論語》時，應該有的一個認知，他們要我們相信的人與世界被樂觀地簡化了，離真實的情況有相當距離。悲觀、憂鬱的人對人和世界的看法其實沒有什麼「不對」，但人活在這個世界上，並不只是「對不對」的問題，要活得快樂、充實而有意義，悲觀、憂鬱的心態就顯得「不適當」。

所以，以樂觀、正向的心態來面對自己、他人和世界，並不是因為它比較符合真實、比較對或比較深刻，而是因為它比較「適當」。我在序言裡已說過，我覺得孔子在《論語》裡表現出來的樂觀、正向心態可能是來自他個人的「抉擇」，他認為這才是一個想要完善自己和社會的人在亂世裡「應有」而且「適當」的態度，即使可能因此而被認為「膚淺」、「不夠深刻」，一再遭遇挫折，他仍要「知其不可而為之」，這也是他可敬的地方。

正向心理學的缺失與盲點

正向心理學認為人的情緒可分為正向（如愛、快樂、熱情、寬容、期待、平和等），與負向（如恨、痛苦、憂鬱、敵意、焦慮、絕望等）兩大類，過去的心理學把重心放在如何減輕或消除負向情緒上頭，而正向心理學則是在教人如何學習和加強他的正向情緒，並認為正向情緒可以抵銷，甚至療癒負向情緒。這個理想似乎很誘人，而且也有一些成果出爐，但卻被不少專家批評是報喜不報憂，心理學界大老拉薩魯斯（Richard S. Lazarus）更直言這是在將問題過度簡化，很多負向情緒其實是來自人生逆境或生理因素，如果不去處理它們，而只想靠提升正向情緒來遮蓋它們，那只是「治標不治本」，後來更有人說這只是一種「自我欺騙」，會因真正的問題沒有獲得解決，而在一段時間後讓情況變得更糟。

批評聲音的出現，使得正向心理學開始自我反省與檢討。對於已經有或經常出現心理困擾的人，找出造成困擾的外在或內在因素並加以解決，的確比一味地抱持樂觀心態要來得重要。有些專家還認為，做為一種「幸福的科學」，正向心理學主要的對象應該是一般人或正常人，教他們以樂觀心態來應對日常生活，會為他們帶來更多的幸福。但即使在一般人的日常生活裡，還是會出現很多狀況，不是單靠樂觀心態就能一帆風順的。譬如交通安全問題，「防衛性悲觀」就比一味樂觀來得合理而有用。

單憑樂觀心態解決不了很多問題

當在與子路和顏淵「盍各言爾志」時，孔子說他的抱負是建立一個安和樂利的社會，也就是要「老者安之，朋友信之，少者懷之」（〈公冶長〉），但也許認為那還遠在天邊，所以孔子並沒有進一步說明要如何讓「老者安之」，如果真把它當一回事認真思考，就會發現老人面臨一大堆問題，單表身體健康這個項目，很多老人有牙周病、高血壓、糖尿病、關節炎、失智等病痛，你要如何「安之」？那不是靠保持樂觀心態、安貧樂道就可以頤養天年的。當然，你可以說把這些問題「交給醫師」就好了，就好像孔子對樊遲的問題說「焉用稼？」一樣，認為「解決實際問題的方法」不是他應該關心的重點。

這讓我想起下面這個故事：二十世紀中葉，為婦女爭取自由平等的女權運動在美國如火如荼，很多不公平可以透過改變觀念和法律來解決，但結婚婦女在停經前無止盡地懷孕和生產，是剝奪婦女生命自由與機會的最大障礙，當時的女權運動者桑格（Margaret Sanger）明白單靠勸婦女以樂觀心態面對此一生物學命運（唯心主義方法），根本無濟於事，所以，高瞻遠矚又理性務實的她，轉而籌募一百五十萬美金給性生理學家品格士（Gregory Pincus）的研究小組，促成了「安全、便宜、方便、有效」的口服避孕藥的早日問世，而就是這個唯物主義的方法讓婦女獲得生殖自由，也改變了她們的人生和命運。

唯心主義與唯物主義要相輔相成

正向心理學雖然以現代的科學方法來進行研究，但它的基本論調則是唯心主義的，認為心靈（樂觀心態）才是生命的主導力量，它甚至可以強到改變個人內在與外在的物質狀態。兩千多年前的孔子和《論語》，唯心主義的色彩當然就更加濃厚，我們必須承認，人類心靈和品德的力量的確可以改變很多事情，但也應該了解，很多事情單靠心靈或品德的力量不僅無法改變，反而會蹉跎時日，即使沒有造成傷害，也是白忙一場。

在孔子和《論語》的年代，即使想在唯心主義的基礎上引進一些唯物主義的方法，恐怕也是畫餅充饑，因為可用而有效的東西實在不多。但現在已經大不相同，由唯物主義衍生出來的科技相當多樣而且具有實效，在唯心主義的基礎上，「樂觀」地引進與採用，才是比較明智而圓融的做法，這也是我們讀《論語》時，應該多添加的一點思維。

重新定位——給孔子和文化一個新義

在現代的工商社會裡，人類的物質生活可以說達到空前的豐盛，但相較之下，精神生活卻顯得貧乏，很多人缺乏明確的人生觀和價值觀，心靈空虛、迷惘，酒足飯飽之餘就不知道要做什麼，無所依歸，看不出自己的生命有何意義；特別是又目睹世風日下、人心不古、道德敗壞、社會紛亂，也只能搖頭嘆息，不知如何是好。這時總有人會出來建議說，傳統文化就是我們最好的精神滋養品、匡正社會人心的大補帖，而《論語》乃是傳統文化的代表，所以大家應該好好讀一讀，特別是在傳統文化日漸式微、甚至受到排擠的今天，我們更應該多花點心力在這上頭。話雖沒錯，但想親近傳統文化，我們還是要留意觀念和方法。

孔子在世界十大文化名人中「名列第一」的真相

捍衛與宣揚傳統文化的人最喜歡用的一個說詞是：現在很多西方世界的菁英都認為中國傳統文化不只是人類最寶貴的精神遺產之一，更是解決當前人類困境、建立大同世界的重要處方。而最常被提到的一個事證是：在被聯合國科教文組織評為「世界十大文化名人」的榜單中，中國的孔子「名列第一」。連像聯合國這樣的國際組織都認為孔子是對人類文化最有貢獻的名人，我們為什麼還有人在不遺餘力地批評、反對、詆毀、譏嘲孔子和《論語》呢？這不是太妄自菲薄、不明事理、數典忘祖，而且還成了「井底之蛙」嗎？

我因好奇而上網追查。我並沒有找到「聯合國科教文組織」在何時、什麼情況下發布此一訊息的第一手資料，只見很多人都加以引用，而「世界十大文化名人」的順序也有兩個版本，其中一個版本是：1孔子（BC551—479）；2柏拉圖（BC427—347）；3亞里斯多德（BC384—322）；4阿圭那（AD1226—1274）；5哥白尼（1473—1543）；6培根（1561—1626）；7牛頓（1642—1727）；8伏爾泰（1694—1778）；9康德（1724—1804）；10達爾文（1809—1882）。另一個版本是：1孔子；2柏拉圖；3亞里斯多德；4哥白尼；5牛頓；6達爾文；7培根；8阿奎那；9伏爾泰；10康德。

孔子在兩個版本裡的確都「名列第一」，但稍有邏輯思維的人都會從名單中發現，孔子「名列第一」是因為他在歷史上最早出現，而不是「貢獻最大」。對一些難以評定高下、優劣的人或事，西方人通常以客觀的條件（譬如出生先後）來排順序，以免引起爭議。但中國人卻自古就喜歡以個人主觀的好惡來為人、為事、為書定高下、排優劣，我個人以為這就是不太好的「傳統文化」，把西方人無關優劣的順序主觀地認為是「世界第一」，這種「自鳴得意」跟對孔子的詆毀、譏嘲其實如出一轍，都是不以理性思考的後果。

對「文化」要有更寬廣的定義

這份「世界十大文化名人」當然是具有西方沙文主義的色彩，如果由不同民族和文化的人來提列，那名單肯定會不一樣。但這份名單還是可以帶給我們一些省思：十個人中除了孔子、柏拉圖、亞里斯多德和康德這四位屬於傳統的哲學家或「文化人」外，其他像阿圭那是神學家，哥白尼是天文學家（以實際觀察提出地球繞日說），牛頓是物理學家和數學家（創建微積分），達爾文是生物學家（提出進化論），培根是政治家（也是提出科學研究方法的哲學家）。這表示西方人對「文化」有很寬廣的定義，凡與人類處境、生活相關的知識和工藝、制度等都是「文化」的範疇；而「名人」則是能為人類處境和生活提供新視野、帶來新思維、新突破的人。

如果要熱衷中國傳統文化的人與單位也選出「中國十大文化名人」或「中國十大傳統文化著作」，那選出的會是什麼樣的人和書呢？「文化名人」裡會有東漢的王充和張衡、北宋的沈括和畢昇嗎？「傳統文化著作」裡會有《考工記》、《論衡》、《夢溪筆談》和《六祖壇經》嗎？如果只是孔子、孟子、老子、莊子、屈原、李白、蘇軾、朱熹、王陽明以及四書五經、《古文觀止》、《唐詩三百首》

等，那對「文化」的認知就太過狹隘了。中國有很多優秀的傳統文化，但絕不只限於人文領域；想要復興傳統文化也是好事，但我們應該有更寬廣的視野、更宏大的胸襟。

不要再將大家推進封建保守的文化醬缸裡

不管怎麼說，《論語》都是中國傳統文化的代表性經典，也是我們要了解傳統文化必修的功課。但身為一個現代人，我們又要如何親炙《論語》呢？最近這些年，兩岸都有人紛紛設立「兒童讀經班」，教導學齡前兒童朗誦《弟子規》、《論語》，甚至《詩經》、《老子》等經典，他們認為兒童雖然不了解文義，但只要小時候能琅琅上口，就不會忘記，日後自可心領神會、潛移默化。

這種「先背了再說」的做法，讓我想起多年前在北京國子監看到明代太學生的功課表。當時太學生的教材當然是以四書五經為主，但我看每月的課表，除了初一、十五休假外，有六天是會講（由教官主講），有八天是復講（由學生擔任），其他十四天都是背書。自古以來，對傳統經典的學習，從兒童到大人，似乎都以「背誦」為主，我覺得這實在是很可惜、而且讓人感到遺憾的一種做法。

我個人的讀書經驗是在當我覺得這句話說得有理，或這首詩寫得真好時，我自然會主動地去背誦它們，但何必整篇、甚至整本都背呢？背的意義在哪裡呢？「復興傳統文化」絕不是讓古人重視的經典和做法「死灰復燃」，這樣做很可能會將整個民族和文化再度推入封建保守的文化醬缸裡。

要跟現代生活與世界文化接軌

《論語》或其他有價值的傳統經典，對現代人來說，它們最大的意義在於能為我們當下的生活帶來什麼啟發？所以重點應該在於要如何和現代生活接軌，不管是「古為今用」或是「今古輝映」，都要能從現代出發，回到古代，讓我們在今古對照下，為何者才是對自己和社會最有益的進行深度的思考。

在和西方文化接觸後，中國傳統文化曾面臨嚴厲的挑戰和坎坷的命運，在經過一番折騰後，如今總算又開始想要重視傳統文化，但絕不能再敝帚自珍、故步自封，而應該和世界接軌，和其他特別是西方文化做客觀的比較，只有透過比較，我們才能以更寬廣的視野看清孔子和《論語》的優缺點及特色在哪裡，以他山之石來攻錯，更加明白什麼是我們必須珍惜、保留的；什麼則是我們應該告別、揚棄的。

讓《論語》成為訓練我們思考的媒介

所謂「盡信書不如無書」，不管讀什麼書，我們都要學會自己思考，思考作者為什麼會這樣說？他說的是否合理？甚至要把閱讀當成訓練我們進行思考的一個媒介，《論語》當然也不例外。

幫助我們思考最實用的方法，是對一個有疑義的句子提出幾種不同的詮釋，譬如前面提過的「唯女子與小人為難養也，近之則不遜，遠之則怨」（〈陽貨〉）、「自行束脩以上，吾未嘗無誨焉」（〈述而〉）、「民可使由之，不可使知之」（〈泰伯〉）等等，每一種詮釋都能為我們的心靈開啟一扇窗，不同的詮釋可以讓我們「毋意，毋必，毋固，毋我」（〈子罕〉），開拓我們心靈的視野。它更提醒我們：只要能認真思考，每個人都可以為《論語》的其他內容提出不同的詮釋和意義，豐富它的面貌與價值；而要求「正解」，渴望唯一正確的解釋，則無異是在扼殺《論語》、褊窄化孔子。

復興傳統文化的真諦

最後，也是最重要的一點，在傳統經典裡，《論語》並沒有什麼深奧的哲理，它的精髓是提供我們在這個塵世安身立命的原則、做人做事的道理。古人學習的重點在於將它們背下來，在科舉考試或寫文章、教訓人時派上用場，結果造就了很多說假話、大話、空話的偽君子，這是我們應該引以為戒的。

身為一個現代人，對於《論語》，我們不僅要「學」，更要「學而時習之」，不是在口頭上溫習，而是要在生活裡經常去實踐、檢驗，朝「知行合一」的方向邁進。安身立命的原則、做人做事的道理是要付諸行動的，如果你不去甚至不想「行」，那你根本不算「知」，等於沒讀過《論語》。

這也是要復興傳統文化的真諦。真正的「文化復興」是要讓「文化再生」，讓它在跟過去不同觀念與行動的滋養下獲得新生。

看世界的方法 141

論語不一樣：
需要正能量的時代，正好讀孔子

作者 王溢嘉
審校 謝恩仁
封面設計 謝佳穎
內頁設計 吳佳璘
責任編輯 施彥如

董事長 林明燕
副董事長 林良珀
藝術總監 黃寶萍
執行顧問 謝恩仁
社長 許悔之
總編輯 林煜幃
副總編輯 施彥如
美術主編 吳佳璘
主編 魏于婷
行政助理 陳芃妤

策略顧問 黃惠美・郭旭原・郭思敏・郭孟君
顧問 施昇輝・林子敬・謝恩仁・林志隆
法律顧問 國際通商法律事務所／邵瓊慧律師

出版 有鹿文化事業有限公司
地址 台北市大安區信義路三段一〇六號十樓之四
電話 02－2700－8388
傳真 02－2700－8178
網址 www.uniqueroute.com
電子信箱 service@uniqueroute.com

製版印刷 鴻霖印刷傳媒股份有限公司

總經銷 紅螞蟻圖書有限公司
地址 台北市內湖區舊宗路二段一二一巷十九號
電話 02－2795－3656
傳真 02－2795－4100
網址 www.e-redant.com

ISBN：9789869596091
初版：二〇一八年九月
初版第四次印行：二〇二三年七月二十五日
定價：三五〇元

國家圖書館出版品預行編目(CIP)資料

論語不一樣：需要正能量的時代，正好讀孔子／王溢嘉著
－初版－臺北市：有鹿文化，2018.9
面；公分－（看世界的方法；141）
ISBN 978-986-95960-9-1（平裝）

1 論語 2 研究考訂

121.227 107011876